Le Wyoming

Le rayonnement de Denver, dans l'Ouest.

LE WYOMING

Histoire anecdotique du Pétrole

PAR

HUGUES LE ROUX

Société d'Édition et de Publications, Librairie FÉLIX JUVEN, 122, rue Réaumur, PARIS

HUGUES LE ROUX

Le Wyoming

Au pied des Montagnes Rocheuses. — Les Richesses
d'un Pays neuf. — L'Élevage. — Le Pétrole aux États-Unis
Son rôle dans l'avenir. — La Standard-Oil Cy

PARIS

Félix JUVEN, Editeur

122, Rue Réaumur, 122

A

Monsieur FENIMORE CHATTERTON

Gouverneur du Wyoming

*qui accueille avec tant de cordialité
les amis sincères de son Etat.*

HUGUES LE ROUX

PRÉFACE

Je relève dans une histoire abrégée de la République américaine , qui, de l'autre côté de la mer, est dans les mains de tous les écoliers, l'*History of the United States* de John Fiske, les lignes suivantes :

« L'événement le plus remarquable de la présidence de Jefferson fut l'accroissement du territoire national par l'acquisition de cette Louisiane qui comprenait : toute la région enfermée entre le Mississipi à l'Est, les Montagnes Rochcuses à l'Ouest, le Texas au Sud, l'Amérique anglaise au Nord. Par le traité de Paris, en 1763, la France avait abandonné ce vaste territoire à l'Espagne. Par un autre traité, à la date de 1802. l'Espagne l'avait restitué à la France, car, à ce moment-là, Napoléon Bonaparte espérait donner à cette terre figure de colonie. »

Mais, en 1803, Bonaparte s'avisa que si la Louisiane ne venait pas évoluer dans l'orbite de la nouvelle Republique américaine, elle tomberait fatalement aux mains de l'Angleterre. Avec la clarté du génie, il vit que l'intérêt supérieur de la France était de soustraire à jamais la Louisiane à l'influence anglaise, — et, d'autre part, de renforcer cette naissante République américaine. Ses instincts, pensa-t-il, son origine, les souvenirs premiers de son histoire, les liens de la gratitude, enfin son intérêt bien entendu, l'orienteront nécessairement vers la France. Bonaparte vendit donc le territoire de la Louisiane à la République des États-Unis pour 75.000.000 de francs.

« Par cet achat », dit M. John Fiske, « la surface des États-Unis était plus que doublée. Avant 1803, leur superficie était de 827,844 milles carrés. Après le marché de Jefferson, elle fut augmentée de 900,000 milles carrés, dont, par la suite, on forma : les États de Louisiane, d'Arkansas, de Missouri, d'Iowa, de Kansas, de Nebraska, de *Wyoming*, de Montana et des deux Dakotas, avec une grande partie des États de Minnesota, de Colorado, et le Territoire Indien. »

Les États français de l'Amérique du Nord viennent au mois de décembre dernier, de célébrer, le centième anniversaire de cette réunion. En cette occasion, chacun des gouverneurs des États sus-nommés a reçu l'invitation suivante :

D'abord, en tête, un chiffre d'or frappé en relief ; au-dessus et au-dessous deux banderoles. Elles portent l'une le mot de *Louisiana*, l'autre, l'inférieure, la triple invocation *Justice, Union et Confiance.* Au milieu, sous une balance d'or, un pélican aux ailes déployées se fouille le flanc afin de nourrir ses petits.

LE GOUVERNEUR DE LA LOUISIANE

a l'honneur d'inviter l'honorable Gouverneur de l'État de...
à honorer de sa présence la célébration

DU CENTIÈME ANNIVERSAIRE

DU

TRANSFERT DE LA LOUISIANE

PAR

LA FRANCE AUX ÉTATS-UNIS

qui sera célébrée
le dix-huit décembre dix-neuf-cent-trois
Nouvelle-Orléans.

On voit ci-contre la reproduction réduite de l'invitation originale. Elle avait été adressée

par le Gouverneur de la Louisiane au Lieutenant Gouverneur de l'ancien territoire français
qui est aujourd'hui le Wyoming.

Instruit du désir que j'ai de déterminer des
gens de chez nous, des gens d'action et de
savoir technique à aller « jouer leur chance »
du côté de ces terres neuves sous la protection
du drapeau étoilé, M. le Lieutenant Gouverneur a bien voulu faire arriver jusqu'à mes
mains ce document historique.

Je suis sûr de répondre à son désir et de
donner à ma gratitude une bonne forme, en ra-
contant dans ces pages ce que je sais, ce que
j'ai vu de mes yeux, ce que j'ai appris de ce
pays vierge, le Wyoming, qui, pour tant des
nôtres, n'est encore qu'un nom sur une
carte.

Je l'avoue tout de suite : ce ne fut pas une
pensée de travail qui, au cours de ma traversée
des États-Unis, d'un océan à l'autre, me porta à
pousser une pointe vers le Wyoming. J'ai rapporté de mes chasses en Somaliland, en pays
issas, gallas, abyssins, et de la vallée méridionale du Nil Bleu, une des plus curieuses et des
plus complètes collections de cornes et de dé-
fenses qu'un amateur de tir puisse, à l'heure

The Governor of Louisiana

requests the honour of

The Hon the Lt Governor of Wyoming's

presence at the Celebration of the

One Hundredth Anniversary

of the

Transfer of Louisiana

by

France to the United States

to be held

December eighteenth nineteenth and twentieth

nineteen hundred and three.

New Orleans

Fac-similé de l'invitation du Gouverneur de la
Louisiane aux fêtes du centenaire

qu'il est, récolter en Afrique. Il y manque quelques-unes de ces pièces, tous les jours plus rares, que l'on nomme des cornes de buffalo, voir... (pourquoi s'arrêter à mi-chemin quand on rêve ?), les griffes d'un ours griselis.

J'avais entendu dire que cette portion des Montagnes Rocheuses qui, de haut en bas, traverse l'État de Wyoming, et, d'autre part, la banlieue du National-Park ainsi que la « Réservation » du Territoire Indien, étaient, encore aujourd'hui, d'intéressants lieux de chasses. Je n'ignorais pas que, cette fois, l'occasion n'était pas favorable pour se mettre en selle, le winchester à l'épaule. Le temps me manquait et l'hiver était encore trop rude ; mais il n'est pas mauvais de faire quelques pas de « reconnaissance » dans un pays que l'on se propose de battre par la suite. Et je pouvais hésiter entre les invitations dont me comblaient mes amis du Wyoming et celles que déjà avait bien voulu m'adresser l'Honorable Sir Wilfrid Laurier, premier ministre du Canada.

Le fantasque Génie qui dirige le sort des voyageurs, des chasseurs et des touristes, a coutume de les allécher avec des séductions qui s'évanouissent en chemin. Je m'étais autrefois enfoncé dans l'Abyssinie Orientale avec le dessein de chasser l'éléphant : la fortune m'a arrêté en route. Elle a fait de moi un topographe qui ne peut pas se plaindre de son destin, puisque ce caprice du sort réservait à ma bonne volonté l'heureuse fortune d'approcher, le premier, dans les marais où elle se cache, la Boucle Méridionale du Nil Bleu.

De même, venu cette fois en Wyoming pour y reconnaître des traces d'élans et de griselis, je suis tombé sur des mineurs, sur des prospecteurs de pétrole, sur des éleveurs de troupeaux. Ils m'ont accaparé ; ils ont proposé à mon activité présente et future un meilleur emploi de ses ressources que la poursuite émouvante des gros gibiers.

Retournerai-je au Wyoming comme les autorités du pays m'y invitent ?

C'est plus que probable.

En attendant, puisqu'un réveil de cette fièvre de l'huile qui, il y a quarante ans, grisa la Pensylvanie, est en train de se manifester dans ces régions autant dire vierges — puisque l'exode de ceux que tente la lutte avec les Génies cachés de la Terre commence à s'orienter vers cette terre de l'Ouest, je veux, sans plus attendre, conter ce que je sais du Wyoming, et ce que j'en ai entendu dire sur mon chemin,

Il y a quelques renseignements précis à ajouter aux trente lignes que notre Elisée Reclus a consacrées au Wyoming, dans la dernière édition de sa « Nouvelle Géographie Universelle ». (Les États-Unis, Tome XVI, p. 607 [1892].)

Je demande aux lecteurs amis, qui, il y aura bientôt trois ans, ont pris congé de l'homme qui écrit ces lignes en rade de Djibouti, de le suivre, cette fois, dans le bassin septentrional du Missouri, le long des berges de la Rivière Platte et dans la Montagne Rocheuse.

Ce but est un de ceux que je me propose, tandis que je passe sur la terre : indiquer à des Français qui cherchent un bon emploi de leurs énergies, les places neuves de la terre où l'initiative et le travail peuvent encore espérer des récoltes vierges.

LE WYOMING

I

Soutes à charbon.

Un des plus pittoresques spectacles qui soit au monde est peut-être la vue des ouvriers de Port-Saïd accostant un steamer, de nuit, à l'entrée du Canal de Suez, pour l'approvisionner de charbon.

Au-dessus du Bazar qui chante et bourdonne, c'est le ciel splendide, le ciel sans fond de l'Egypte. Il se réfléchit, tout entier, à l'envers, dans les eaux calmes du port. Les navires ancrés sur cette rade semblent suspendus entre deux abîmes de nuit étoilée. Cependant, comme au Théâtre des Ombres Chinoises de l'ancien Chat-Noir, on voit se détacher des quais, des silhouettes d'hommes et d'objets. Confondues dans l'obscurité elles se meuvent ensemble. Ce sont les charbonniers et leurs bacs.

Pour la plupart, ces charbonniers, comme les gens de chaufferie que l'on emploie dans la Mer Rouge, sont des nègres. Ils travaillent en gesticulant. Ils se démènent comme des damnés. C'est le mot propre. En effet, ils éclairent leur besogne nocturne avec des torches et des brasiers étranges, — des quartiers de charbon, brûlant à l'air libre, avec leurs flammes safran, rougeoyantes et bleues. Cela palpite et cela défaille, selon les caprices du courant d'air. Cela jette sur les visages suants des hommes, sur les flancs du navire, sur le miroir de l'eau des reflets imprévus. Les ombres des nègres qui peinent là sont tout d'un coup projetées, le long du bastingage, en proportions géantes. Un instant après les voilà rabougries à des tailles falotes de nains.

Le passager, accoudé sur le pont, assiste à cette scène quasi-infernale, il ne regrette pas d'avoir dédaigné les charmes des violonistes viennoises, qui font la quête, entre deux valses, dans toutes les brasseries du port franc. Il lui semble assister à quelque scène fabuleuse du temps évanoui où Chéops et Chéphrem écrasaient une génération d'esclaves sous les pierres de leurs Pyramides.

Je reconnais qu'en plein jour, sous le soleil déjà africain du Canal, la halte de charbonnage n'a plus que des inconvénients. D'abord c'est une odieuse perte de temps. Ensuite quand on a épuisé la joie de se faire raser à terre par un barbier grec, d'acheter un éventail chez le marchand japonais, des cigarettes chez le Turc, des livres chez l'Arménien, il faut, bon gré mal gré, remonter à bord. Là, tout est couvert d'une housse de poussière noire. Elle souille la blancheur des vêtements coloniaux, désole les dames. Et c'est en vain que l'on cherche à se réfugier dans les cabines. On en a fermé les hublots, car les charbonniers ont le bras aussi long qu'il est sale; ils ne manquent pas de voler tout ce qu'ils peuvent atteindre.

Essayez-vous de dormir? C'est une autre

misère. Le charbon qui s'écroule dans les soutes avec un bruit d'avalanche écarte le sommeil de vos yeux.

Le soir, en montant à table, vous dites au capitaine du steamer :

— Au diable votre charbon, mon commandant! Vous ne pourriez pas inventer une autre sorte d'avoine pour nourrir votre cheval-vapeur?

Il répond gravement :

— Je ne me désole pas qu'on me donne du charbon. J'ai bien plutôt peur qu'un jour on ne m'en refuse. Il n'y a pas de navire de guerre ou de commerce, qui puisse pratiquement emporter dans son ventre assez de charbon pour brûler ces escales de la Mer Rouge. Si au moment de la guerre de Chine, l'Angleterre avait jugé qu'il était de son intérêt de ne point coopérer avec les autres puissances, on se demande comment les navires de guerre français, russes et allemands s'y seraient pris pour transporter leurs soldats d'Europe en Asie. J'ai vu de mes yeux nos croiseurs cuirassés le *Friant*, l'*Amiral-Charner*, le *Bugeaud*, la canonnière *Décidée*, les transports *Nive* et *Mytho* qui avaient épuisé d'une bouchée la provision de Djibouti, obligés d'aller s'emplir le ventre au garde-manger d'Aden. La transformation de la marine à voiles en marine à vapeur a mis, plus que jamais, les nations européennes à la merci de l'Angleterre. Jadis le vent soufflait pour tout le monde. Elle détient aujourd'hui, sur les routes d'Afrique Orientale, d'Asie et d'Océanie, tous les postes de charbon où il nous faut faire relais.

J'ai visité longuement Aden et Périm pour juger de ces inconvénients par mes yeux. Le gouverneur d'Aden ne m'a pas caché que c'était par pure tolérance qu'il autorisait nos Messageries Maritimes à puiser mensuellement dans les chantiers d'Aden 1,500 tonnes de charbon.

Il a ajouté :

— Même en temps de paix, si ce charbon nous devenait nécessaire, nous autres Anglais, nous nous réservons la faculté, en le payant, de le garder pour nous.

J'ai causé de ces difficultés avec le commandant du steamer français qui me ramenait d'Aden à Djibouti.

Il m'a répondu :

— Vous ne craignez pas d'affronter quelques degrés de chaleur de plus ?… Non ?… Eh bien, descendez avec moi, s'il vous plaît, dans notre chaufferie.

Là, en face des nègres suants et nus qui faisaient le service des foyers, il m'expliqua :

— Le combustible parfait serait un agent qui d'abord renfermerait le maximum d'énergie potentielle, — qui ensuite produirait des effets thermiques équivalents à cette énergie, — qui, par conséquent, n'aurait pas de déchet et convertirait en chaleur effective toute l'énergie due à sa constitution chimique. Regardez maintenant ces grilles, et dites-moi si vous croyez que le charbon soit ce combustible idéal ?

La formidable quantité des résidus qui glissait au travers des grilles ou dans le foyer même, résistait à l'action de la flamme, me dictait ma réponse.

— Je sais bien, me dit le commandant, que l'on me fait brûler ici, sous prétexte d'économie, des charbons indiens. Ils ne valent pas le diable ! Mais supposons que je sois approvisionné d'une houille parfaite, et désignons par le chiffre *cent* l'énergie totale qu'elle renferme dans sa chair grasse. C'est un fait, qu'au moment de la combustion soixante pour cent de cette énergie se perdront, — soit les deux tiers, — en gaz imparfaitement brûlés ou en carbone solide. Prenez maintenant la peine de me suivre dans les soutes.

Je commençais à souhaiter de remonter sur le pont; mais il n'y a que les mauvais écoliers qui ferment les livres au milieu de la page, et d'ailleurs je prenais un intérêt vif à la leçon de choses que je recevais là.

— Vous le voyez, dit le commandant, nous sommes obligés de loger le charbon dans des ouvertures de chauffe où, après un travail que vous avez pu juger, qui est long, dispendieux et salissant, il finit par occuper dix à vingt pour cent du meilleur espace dont je dispose à bord de mon navire. Ce charbon m'a coûté cher à acquérir, cher à embarquer. Il me coûte cher à servir quand il est sur grille. En effet, dans

la nécessité où l'on est de maintenir en même
niveau la production de la vapeur, nous
sommes obligés d'entretenir à bord d'un steamer comme celui-ci une vraie armée de chauf-
feurs bien au fait de leur état.

— Conclusion? demandai-je.

— Ma conclusion, dit le commandant, c'est
qu'avant peu le charbon sera tout à fait abandonné pour la chaufferie des navires. La vieille
Europe, aussi bien pour sa marine de guerre
que pour sa marine de commerce, imitera ceux
du Nouveau Monde qui bâtissent de moins
en moins des navires chauffés à la houille.
Nous aurions marché plus vite dans cette voie
si toutes les marines européennes n'avaient
les yeux fixés sur l'Angleterre, laquelle a toutes
les raisons du monde, politiques et économiques,
pour prolonger jusqu'à ses extrêmes limites le
règne du charbon.

— Et à quelle source d'énergie croyez-vous
donc, commandant, que recourra la marine du
XX° siècle?

— Au pétrole, mon cher Monsieur.

Le commandant allait me donner ses rai-

LE CAMP DU DÔME ET LE PREMIER PUITS

sons quand un matelot vint le demander de la part de l'officier de quart. Djibouti était en vue. Et je n'entendis plaider ce jour-là qu'une moitié de la cause : le procès du charbon et de sa tyrannie.

II

Pétrole et civilisation.

Trois mois plus tard, à trois mille mètres en l'air, sur le plateau abyssin, je recueillais de la bouche même de l'Empereur Ménélick l'éloge inattendu du pétrole.

J'étais venu rendre visite au Négus, un matin de février 1901. Ce jour-là, il n'y avait pas d'audience publique. L'Empereur en profitait pour passer sa matinée dans ces grands magasins qu'enferme la palissade de son Guébi.

Ces heures sont autant dire les vacances du Négus. Si l'on peut l'approcher à ce moment-là, on est toujours certain de le trouver d'une humeur charmante.

Il était occupé à faire ranger sa pharmacie

sous ses yeux. Il me proposa un remède pour une petite blessure que l'éclatement d'un revolver m'avait faite au doigt. Puis, il dit sans transition :

— Toutes les fois que je t'ai interrogé sur ce que tu avais vu en traversant mon pays, tu m'as répondu les choses les plus aimables du monde. Mais rien n'est parfait ici-bas, en Abyssinie pas plus qu'ailleurs. Dis-moi un peu ce qui t'a déplu chez nous ? Nous causons ici entre amis, c'est l'heure de la vérité.

Je pris l'Empereur au mot et je dis :

— Majesté, jamais je n'ai assis mon camp au crépuscule sans apercevoir, au moment même où la lumière finissait, quatre ou cinq lunes qui se levaient en des points divers de l'horizon. C'étaient les incendies que vos bergers et vos paysans allument. Ils ne se contentent pas de bâtir leur maison et de se chauffer aux dépens de la forêt. Sous prétexte que la jungle est un repaire pour les bêtes fauves, qui déciment leurs troupeaux, ils y mettent le feu. L'incendie gagne la forêt voisine. Partout où l'Abyssin s'installe, la forêt s'efface, les plateaux se dénudent. Les Arabes en ont usé de même en Algérie. Et savez-vous, Majesté, quel a été le résultat de cette mauvaise pratique? Les pluies ont diminué, les montagnes se sont dénudées, le pays est devenu aride, on a fait du désert et de la terre de brousse, là où, autrefois, les oliviers poussaient.

Le visage du Négus s'assombrit :

— Viens, dit-il, que je te montre le tort que ce feu dont tu parles a fait à ma ville.

Il me conduisit sur la terrasse qui, sans obstacle de murailles, domine le paysage, de ce côté où, volontiers, il donne ses audiences familières, presque en plein air, sur les degrés d'un pavillon ouvert :

— Autrefois, dit-il, toute cette plaine était aussi boisée que le mont Managacha que tu vois là-bas, à l'horizon, et que les vallons d'Addis-Salem qui se creusent derrière. Mais on a abattu ces forêts pour bâtir des villes, car nos gens ne connaissaient pas l'art de cuire la brique, et ils n'ont pas de goût pour apporter la pierre des carrières lointaines. Après que la ville est bâtie, on continue d'abattre la forêt pour faire cuire les aliments, pour se chauffer pendant la saison des pluies. Ainsi, nécessairement, la ville fait le vide tout autour d'elle. Au bout d'un quart de siècle il faut qu'on la déplace. Comprends-tu maintenant pourquoi je les hais — plus que toi — ces incendies dont tu me parles ? Ils ont été jusqu'ici un obstacle au progrès de la civilisation dans ce pays. Je n'ai pu obliger les miens à bâtir des maisons de pierres et de briques, des villes qui durent ; car, je le sais, avant la fin de ma vie, si Dieu la prolonge, en tout cas au début du règne de mon successeur, le petit peuple viendra trouver le Négus qui alors occupera ce Guébi et il lui dira : « Roi des Rois, tes sujets ne peuvent plus se bâtir de maisons. Ils ne peuvent plus cuire leurs aliments. Ils ne peuvent plus se chauffer. Le bois manque ! la forêt est trop loin ! Que veux-tu que nous fassions ? »

On le sentait, le Négus avait mille fois traité cette question avec ceux qui ont été ses conseillers europééns, et qui ont fait de lui l'homme le plus ami du progrès, le plus éduqué de son peuple.

Il continua :

— Tu es entré dans ces maisons de bois dont je te parle ? Tu as vu comme la fumée les noircit à l'intérieur. Elle abîme les yeux, et les médecins russes m'ont dit que la moitié des ophtalmies dont souffrent les Abyssins provenaient de cette fumée. Mais elle a encore un autre inconvénient. Elle souille tous les objets, tous les vêtements. Comment veux-tu que des gens, même à leur aise, aient le goût d'acheter les étoffes, tous les objets délicats qu'on nous apporte d'Europe, quand ils savent que tout cela sera gâté, sali par la fumée du bois dans leur maison ? Cette question de l'éclairage et du feu est pour mon peuple la première de toutes. Je ne veux pas mourir sans leur avoir imposé l'usage de ce feu et de cette lumière qui, un jour prochain, transformeront toutes les conditions de la vie abyssine.

— Je demandai :

— Ce feu, Majesté, où irez-vous le prendre ?

Le Négus répondit :

— C'est vous, les Européens, qui nous l'apporterez, puisque, chez vous, il jaillit de la

terre en sources liquides. Tu as vu que, dans
mon Guébi, toutes les salles sont éclairées au
pétrole? Le ministre d'Angleterre m'a donné
un poêle au pétrole avec lequel je me chauffe
en hiver. Je sais que l'on fabrique chez vous
de petits réchauds sur lesquels les gens peuvent faire cuire leurs aliments, sans une trop
grande dépense. Je sais encore qu'il nous suffi-
rait de vendre la cire de nos abeilles, qui vaut de
l'or chez vous, pour brûler sans frais le pétrole
que vous nous apporteriez. Mais pour qu'une
telle révolution transforme pacifiquement ce
pays-ci, il faut que le chemin de fer arrive jusqu'à
Addis-Ababa. Tu as traversé le pays des Issas
et des Dankalis, tu sais que c'est la chaleur de
l'enfer qui y règne. Le pétrole s'y évaporerait
sur le dos des chameaux, des mulets et des petits ânes, pendant les mois de transport au
soleil. Lorsqu'on pourra nous l'apporter dans
des wagons, comme ceux dont on m'a montré
les images, lorsque deux jours suffiront pour
monter de la Mer Rouge jusqu'à ma capitale,
lorsque le transport du pétrole de la côte à
Addis-Ababa ne coûtera plus 1,000 francs la

tonne, comme au temps de la caravane, alors
les incendies dont tu parles s'éteindront d'eux-
mêmes, les villes de bois se transformeront en
villes de briques et de pierres, les gens travail-
leront volontiers avec la certitude du gain ; la
figure de l'Abyssinie changera à la clarté de
ce feu.

ROCHES PÉTROLIFÈRES ET PROSPECTEURS

III

Le pétrole et l'homme préhistorique.

A un an de date, presque jour pour jour, au commencement de l'année 1902, j'étais à Fall-River dans le Massachusetts, l'hôte d'un Canadien français, devenu citoyen américain. Je venais de traverser cette région méridionale des lacs, qui, de l'Indiana à la Pensylvanie, n'est, autant dire, qu'un réservoir d'huile naturelle. J'avais vu Indiana éclairé avec du gaz de pétrole que l'on recueille en enfonçant, tout simplement, des tuyaux dans la terre. J'avais sur les lèvres l'émerveillement que m'avaient causé toutes ces nouveautés et je disais :

— Quelle ne serait pas la surprise des antiques habitants de ce pays, s'ils pouvaient remonter à la surface du sol et voir les miracles que les hommes blancs ont accomplis !

— En ce qui concerne l'usage du pétrole, me répondit mon Canadien, vous ne leur apprendriez rien. L'Amérique a eu des habitants préhistoriques qui ont exploité ces richesses avant nous. N'avez-vous jamais entendu parler de ces gens-là ? Que vous apprend-on, au collège, en Europe ?

Je confessai que je connaissais très exactement l'histoire des pérégrinations d'Ulysse et d'Énée dans la Méditerranée, après la chute de Troie, mais que l'on ne m'avait rien appris de précis sur le premier habitant de l'Amérique du Nord.

— Eh quoi ? me demanda mon ami, vous ne connaissez pas même le nom des « Mount-Builders », c'est-à-dire des « Constructeurs de Montagnes » ?

J'avais la figure de quelqu'un qui, pour se donner une contenance, cherche à retrouver dans le livre de sa mémoire un feuillet sur lequel il n'y a certainement rien d'écrit. Mon hôte s'en avisa. Il descendit d'un rayon de sa bibliothèque un savant ouvrage en deux volumes de 600 pages chacun dont il me fit cadeau.

— Ceci, dit-il, est l'*Histoire de l'Amérique avant Colomb*, publiée en 1900, par un savant jésuite, le Père De Roo. Je vous conseille de la lire avec soin et de la faire connaître autour de vous.

A la première page du premier tome de cette encyclopédie je remarquai une image schématique. Elle figurait, en plan, les ruines d'un important ouvrage de ces « Constructeurs de Montagnes », mises au jour près de Chillicothe, dans le comté de Ross, Territoire d'Ohio.

Devant la science avec laquelle étaient conduites ces lignes géométriques, je ne pus m'empêcher, à la première vue, de songer à ces gigantesques citernes que j'ai admirées à Áden, et dont les architectes, — sans doute plus vieux que les civilisations babyloniennes et égyptiennes elles-mêmes, — sont encore inconnus de l'histoire.

Depuis, j'ai lu avec stupéfaction les chapitres que le Père De Roo consacre à ces cyclo-
péens d'Amérique, à leurs monuments, à leurs
fortifications, à leurs temples, à leur agriculture, à leur commerce, à leur science. Je le
sais maintenant, les régions américaines qui
s'étendent au sud des Grands Lacs, ont vu,
dans le recul des siècles, grandir et décroître
une race d'hommes qui, au témoignage des
monuments qu'elle a laissés, atteignit un degré
de civilisation auquel la plupart des nègres
d'Afrique sont encore incapables de s'élever
par leurs propres forces au début du xx° siècle.

Le territoire compris entre les Alleghanys
et les Montagnes Rocheuses est, ici-là, jonché
de ces constructions victorieuses du temps.

Sans doute les fortifications et les monuments religieux dominent dans l'inventaire de
ces reliques formidables. Mais on trouve, ici, là,
des traces d'exploitations industrielles. Les
« Constructeurs de Montagnes » ont connu le
pétrole. Ils ont creusé la terre méthodiquement
pour l'atteindre. La région qui va de Titusville à Oil-City est parsemée d'excavations gi-

gantesques qui apparaissent nettement comme des œuvres de l'homme. Ce sont des puits profonds de sept à huit mètres, larges de deux ou trois. Intérieurement ils sont maçonnés avec art, ou garnis de poutres. Le pétrole qui sature ces bois les a mis à l'abri des atteintes de l'humidité. Ainsi ils ont pu résister à l'usure des siècles et, côte à côte avec les puits forés par l'industriel d'aujourd'hui, ils rendent ce témoignage :

Ce pétrole, que l'effort de l'homme moderne met en valeur avec une ivresse de découverte, a été au nombre des richesses naturelles que l'homme préhistorique connut et exploita avant de se rendormir, sans nom et sans histoire, sur le sein de la terre nourrice.

IV

Le baume des Sénécas.

J'anticipe nécessairement sur la suite de ce
récit pour conter tout de suite comment j'ai
été renseigné sur la notion que les Indiens
d'Amérique ont eue des vertus du pétrole, dans
un temps où les savants d'Europe étaient ex-
cusables d'ignorer jusqu'à son existence.

Au Wyoming, un pasteur presbytérien, qui
s'applique à convertir les hommes rouges de
la Réserve, m'a mis en relation avec un de ses
plus fervents catéchumènes, l'Ours-Sanglant.
Ce sauvage connaissait beaucoup mieux que
moi l'histoire primitive des siens.

Il m'a conté :

— « Nous savons qu'un peuple qui est aujour-

« d'hui rentré tout entier sous la terre, a do-
« miné ce pays avant nous. Sans doute, il con-
« naissait tous les secrets de ce sol, car il a
« laissé dans la prairie des souvenirs qui sont
« grands. Mais aucun homme de cette race
« n'a jamais parlé avec un des nôtres. Le
« Grand Esprit les avait tous endormis, quand
« nous nous sommes éveillés. »

Les Indiens parlent lentement, par dignité et
par prudence. Et puis l'Ours-Sanglant laissait
à l'interprète le temps de traduire sa pensée ;
j'avais presque le loisir d'écrire sous la dictée.

Il continua :

— « Dans le temps dont je parle, les fils de
« nos guerriers n'apprenaient pas à lire. Ils
« n'allaient pas à l'école, mais ils compre-
« naient la langue des oiseaux, de toutes les
« bêtes, dont le Grand Esprit a peuplé le ciel,
« les eaux, la prairie et la forêt. Ainsi, ils
« apprenaient sans maître tout ce qui est né-
« cessaire à la vie. Il leur arrivait souvent de
« rencontrer, dans la forêt ou dans la mon-
« tagne, des lacs noirs, dont les eaux sem-
« blaient empoisonnées. Pourtant, les chas-

« seurs affirmaient que, le soir, des bêtes, très
« nombreuses, venaient s'abreuver à ces eaux
« épaisses. Même il semblait qu'elles fussent
« attirées de très loin par l'odeur qui s'élevait
« au-dessus de ces lacs, et qui se répandait
« au loin, dans l'air.

« Ce furent nos frères les Sénécas qui se
« dirent les premiers :

« Pourquoi n'imiterions-nous pas ces oi-
« seaux et ces élans ? L'ours qui veut passer
« la rigueur de l'hiver sans souffrir du froid,
« suce la graisse de ses pattes ; de même, nous,
« si nous buvions ces eaux grasses, nous au-
« rions beaucoup de force pour la marche, la
« chasse, la guerre et contre le froid. Et puis,
« si le Grand Esprit a mis ces eaux à notre
« portée, ce n'est pas pour nous tenter. »

« Ils burent, et ils connurent alors qu'en
« effet, l'eau des lacs noirs était un grand re-
« mède contre tous les maux qui menacent un
« guerrier pendant sa vie. Ceux qui en bu-
« vaient étaient guéris des douleurs de leur
« tête et de leur ventre ; ils voyaient sortir de
« leur corps les vers qui incessamment ron-

UN DES CINQ LACS D'HUILE DE PÉTROLE DE LANDER

« gent le foie et les entrailles de l'homme.
« Ceux qui en couvraient leur tête sentaient
« leurs cheveux s'allonger ; ceux qui en pan-
« saient leurs blessures étaient guéris plus vite
« que par les baumes de nos sorciers. Ceux qui
« en oignaient leur corps étaient à l'abri de la
« morsure des serpents ; même les Iroquois
« affirmaient qu'en mêlant un peu de l'eau des
« lacs noirs à leurs tatouages ils devenaient,
« pour toujours, invulnérables aux flèches.
« Toutes ces choses merveilleuses, les Indiens
« se les étaient redites d'une mer à l'autre.
« Maintenant ils se faisaient la guerre les uns
« aux autres pour la possession des lacs noirs.
« Ils creusaient le sol dans les endroits où le
« sel est abondant, à la surface de la terre.
« Ils jetaient dans ces trous leurs couvertures
« de laine. Ils invoquaient la faveur du Grand
« Esprit au coucher du soleil. Et alors, sou-
« vent, il arrivait qu'au matin ils trouvaient
« ces couvertures imbibées de l'huile miracu-
« leuse. Ils les donnaient en présent à leurs
« amis. Mon père m'a souvent conté qu'un de
« nos aïeux indiqua la place d'un de ces lacs

« noirs à une face-pâle qui vint dans ce pays,
« il y a bien des années, alors que les Indiens
« ne se connaissaient d'autres maîtres que le
« Grand-Esprit, entre cette terre et le ciel. »

L'avis de mon Révérend, qui a souvent causé
de cette « face-pâle »-là avec l'Ours-Sanglant,
est qu'il s'agit d'un chasseur français dont le
nom est perdu, mais qui semble avoir traversé ces régions dans les dernières années du
XVII° siècle. Quoi qu'il en soit, dès 1627, on
avait entendu parler chez nous de l' « huile des
Sénécas ». Un missionnaire, le Père Delaroche,
conte dans ses mémoires publiés à cette date,
qu'il vit sortir du lac Ontario une « fontaine
de bitume ». Un moine, également français,
attaché aux missions canadiennes, écrivit vers
la même époque, à ses Supérieurs, une lettre
intéressante « sur l'usage que les Indiens Iroquois faisaient de la sécrétion des lacs noirs ».

Il s'étendait même sur les propriétés magi-
ques que leur attribuait sa clientèle.

Il y a plus. En 1757 notre glorieux Mont-
calm envoya un rapport circonstancié au roi
de France sur l'huile naturelle dont les In-

diens lui avaient fait connaître les merveilleuses propriétés. Mais le roi Louis XV jeta le mémoire au feu. Il n'y avait pas apparence que l'on pût intéresser les belles dames de Versailles à une huile si puante qu'il suffisait de s'en graisser la tête pour mettre les serpents et les moustiques en déroute !

Les soldats américains, qui battaient le pays au temps de la Guerre de l'Indépendance, étaient moins délicats. Ils se dirent qu'un remède qui réussissait si bien aux hommes rouges ne perdrait peut-être pas toutes ses vertus curatives au contact des hommes blancs. On n'avait pas encore inventé les merveilleuses « embrocations » qui rendent de la souplesse aux jarrets fatigués ; mais déjà on gagnait des rhumatismes aigus à coucher dehors en temps de pluie.

Un article du *Massachusetts Magazine*, à la date de 1791, conte que ces braves militaires se trouvèrent bien de l'emploi « du baume des Sénécas » pour le traitement de leurs fatigues et de leurs douleurs. Seul le « civil » continuait à dédaigner la panacée indienne. Il faut attendre 1847 pour que l'huile noire reçoive son véritable certificat de naturalisation américaine, je veux dire pour qu'on lui fasse enfin les honneurs coûteux de la réclame.

L'initiative en fut prise par un pharmacien de Pittsburg dont le nom appartient à l'histoire du pétrole, un certain Kier. Ce droguiste ouvrit dans sa ville natale une boutique qui, un demi-siècle à l'avance, donnait à présager les originalités de l'art nouveau. Kier avait fait souffler à son intention des flacons afin de présenter le baume indien par petites quantités, comme un remède inestimable. Il avait collé sur ces bouteilles des étiquettes qui disaient ·

KIER'S

Petroleum ou Huile de Roches, célèbre par son admirable pouvoir curatif.

UN REMÈDE NATUREL

Puisé dans un puits de la contrée des Alleghanys (Pensylvanie) à 400 pieds au-dessous de la surface de la terre.

Prix : 58 cents.

Les flacons avaient de l'apparence, les étiquettes flamboyaient, mais, décidément, « le
remède naturel » avait trop mauvais goût. Et
Kier voyait venir la ruine.

C'est alors qu'il eut une idée de génie :

Il dit à ses concitoyens :

— Vous ne voulez pas boire l'huile des Sénécas?

— Non!

— Vous ne voulez pas en oindre vos calvi-
ties?

— Non!

— Vous ne voulez même pas vous en frotter
le gros orteil quand vous avez la goutte?

— Non!

— Eh bien, c'est entendu, je vais vous
éclairer avec.

Et il fit comme il avait dit.

V

L'apothicaire Kier.

Il serait inexact de conter que l'on avait
attendu jusqu'à la déconvenue de cet apothicaire pour s'apercevoir que l'huile des lacs
noirs ne se contentait pas de chasser les vers
et les serpents du corps, mais qu'elle prenait
feu à l'occasion. Les Sénécas l'avaient appris
à leurs dépens. Puis, comme une des idées les
plus générales de l'homme (qu'il soit blanc,
jaune, noir ou rouge) est d'employer artificiel-
lement les fléaux naturels à la destruction mé-
thodique de ses semblables, longtemps avant
nos pétroleurs de la Commune, les Indiens
d'Amérique avaient utilisé dans la guerre les
propriétés merveilleuses de l'huile des lacs

noirs. Ils en badigeonnaient des pans de forêts où ils avaient réussi à cerner leurs ennemis. Le xviie siècle a gardé le souvenir de quelques-uns de ces formidables embrasements de la forêt et de la prairie américaines, où il sembla que, pour refluer sur la terre, l'Océan 's'était fait marée de feu.

Autant dire il n'y avait plus chez les hommes rouges de fête de la guerre où de la paix sans flammes de pétrole, « d'huile de feu ». Il jouait dans les cérémonies de la clairière et du camp le rôle de nos fusées d'artifice. On a un rapport — il est daté de 1750 — où un officier français, le commandant du fort Duquesne, conte comment les Indiens Sénécas, ses alliés et ceux de la France, le régalèrent, en signe d'amitié, d'une de ces illuminations.

A la tombée de la nuit, le chef dont notre compatriote était l'hôte, donna aux porteurs de torches l'ordre d'approcher leurs brandons d'une petite rivière qui coulait au bas du camp. Aussitôt une flamme gigantesque se leva du ruisseau, et comme si toute la rivière brûlait ainsi qu'un punch, un torrent de clarté et de chaleur se mit à circuler dans les ténèbres, dessinant en traits de feu, au travers de la prairie, les souples lacets du cours d'eau.

Près de cent ans allaient s'écouler cependant avant que la science s'efforçât de capter cette source de lumière que les Indiens avaient fait jaillir du sol. Ce fut un accident effroyable qui imposa — cette fois définitivement — le pétrole à l'attention des Yankees.

Depuis longtemps, il arrivait aux sauniers qui creusaient des puits à sel dans la Pensylvanie et dans l'Ohio, une aventure désagréable. La saumure ne se montrait au fond de leurs fosses que mêlée à un liquide noir, gras et puant, dans lequel les gens d'expérience avaient reconnu l'huile des Sénécas. Il était advenu une pire malchance à des foreurs de puits artésiens. L'*American Journal of Sciences*, dans un des numéros de l'année 1826, conte qu'un homme qui creusait un puits près de Marietta (Ohio), afin de se procurer de l'eau salée, « fit jaillir, à une profondeur de quatre cents pieds, une prodigieuse quantité d'huile et de gaz qui s'élevèrent en l'air avec une force incroyable ».

UNE ÉTAPE SUR LA ROUTE DE LANDER A CASPER

Sept ans plus tard, le même fait se reproduisait dans le Kentucky, mais avec une intensité cette fois « tout à fait redoutable ». 2,000 barils d'une huile noire et puante jaillissaient quotidiennement du puits. Les sauniers s'enfuirent et laissèrent le pétrole refluer derrière eux.

Il commença par noyer la prairie ; puis, trouvant sa pente, il coula vers la rivière. Il l'empoisonna ; par endroits il la fit déborder. Des enfants, par imprudence, mirent le feu à cette huile brute. On devine quelles purent être les proportions du désastre...

Si l'apothicaire Kier avait été homme à consulter pour son instruction ce *Journal Américain des Sciences* qui demeure un des monuments les plus intéressants des débuts de la civilisation dans le Nouveau Monde, il aurait pu y lire un intéressant article sur l'huile des Sénécas, signé par un certain docteur Hildreth. Cet ingénieux observateur entrevit, dès 1826, la merveilleuse destinée de cette puanteur brune, qui faisait blasphémer les sauniers :

— Ce produit, disait le docteur-prophète, offre de grandes ressources comme moyen d'éclairage. Il commence à être demandé d'une façon sérieuse dans les boutiques et les factoreries. Il donne une lumière claire et vive. Il deviendra certainement d'une grande utilité pour l'éclairage des villes futures de l'Ohio.

Il est peu probable que Kier eût pris la peine de lire les observations d'Hildreth ni la curieuse thèse que le géologue américain Benjamin Silliman publia « sur les pétroles indicateurs d'anthracite », en 1833 ; mais le pharmacien de Pittsburg avait certainement eu vent de l'emploi que les ranchmen et les gens de factoreries faisaient de « l'huile de roches » pour éclairer leurs interminables veillées d'hiver. Il avait recueilli l'écho des doléances que ces hommes, qui n'étaient pourtant pas de petites maîtresses, n'épargnaient point sur le chapitre de l'abominable odeur qu'il leur fallait endurer pour profiter de cette lumière. Kier, qui avait rêvé de purger ses contemporains avec l'huile des Sénécas, s'appliqua cette fois à purger cette huile elle-même. Dans ce nouvel effort, il ne trouva chez le public que des encouragements.

C'était l'heure des premiers succès du chimiste suisse Selligues, qui réussissait à écouler en Europe ses huiles minérales de lignite et d'anthracite. Gessner commençait d'introduire aux États-Unis des huiles de schiste. Six usines américaines s'étaient outillées tant à New-York que dans l'Ohio, dans la Virginie qu'en Pensylvanie, pour raffiner le produit nouveau. Kier se levait cette fois à l'heure propice et du bon pied.

Il réussit à distiller son « petroleum » et à en extraire les parties les plus volatiles. Il ne le proposait plus à vingt-cinq francs le litre, mais il en vendait. Il en vendait tant que Pittsburg, sa ville natale, Pittsburg qui l'avait méconnu comme apothicaire, lui fit confiance définitivement comme raffineur. Un beau soir de l'année 1853, elle s'éclaira tout entière avec du pétrole distillé.

L'expérience de Kier sortait définitivement du laboratoire ; la cause du pétrole était gagnée.

VI

Le colonel Drake.

Vers les derniers mois de cette année 1854,
un jeune avocat new-yorkais, nommé Bissel, qui
se sentait le tempérament d'un lanceur d'affaires, vint rendre visite à un certain docteur
Crosby, professeur de chimiè et de géologie,
au collège de Darmouth. Crosby avait été un
des maîtres de Bissel dont la visite n'était pas
ce jour-là désintéressée. Le jeune avocat, qui
avait confiance dans le savoir de son professeur, était venu pour prendre son avis.

Il lui demanda à brûle-pourpoint :

— Que pensez-vous de cet éclairage de
Pittsburg avec l'huile des Sénécas? Est-ce une
fantaisie d'apothicaire ou une expérience qui
mérite d'être imitée?

Le docteur sourit :

— Avez-vous jamais, demanda-t-il, vu brûler cette huile minérale?

— Personne, répondit Bissel, ne veut à New-York entendre parler de l'huile de Pittsburg. Ils sont tout à leur huile de schiste. La *Carbon Company* et l'*Empire State Company* nous en inondent.

— Je vais donc, dit le docteur, renouveler devant vous le miracle du « fiat lux ».

Il descendit d'une tablette une petite lampe importée d'Europe, du modèle que le Suisse Selligues avait mis à la mode pour brûler son huile de lignite; puis il déboucha une fiole qu'il tenait soigneusement sous clef dans une armoire du laboratoire.

— Ceci, dit-il solennellement, est le fameux petroleum. Je vais en verser dans la lampe de Selligues et vous allez voir comment il s'y comportera.

L'éclat, la blancheur de la lumière frappèrent Bissel d'admiration. Elle se traduisit par cette exclamation bien américaine :

— Cher Docteur ! Combien ce petroleum vaut-il le litre ?

— Un franc vingt.

— Et le schiste coûte tout près de deux francs ! Il y a une fortune à faire avec votre petroleum, Docteur ! Je vous en prie, dites-moi bien vite d'où vous le tenez.

— C'est un de vos anciens camarades qui me l'a apporté, dit le savant. Il affirme qu'il pourra m'en fournir autant que je lui en demanderai : il ne sait comment écouler ce produit. Et d'autre part vous connaissez ce garçon... le docteur Brewer...

— Le fils du meunier de Titusville?

— Lui-même.

Une semaine plus tard Bissel était sur les lieux. Il expliquait à son camarade :

— Je vais former une grande société qui s'appellera « La Compagnie Pensylvanienne des Huiles de Roches (Pensylvanian Rock Oil Company). Je fonde cette P. R. O. C. au capital de 250,000 dollars en 10,000 actions. Je vous donne 5,000 actions et, en plus 5,000 dollars pour l'apport de votre source. Et après cela je vous garantis que l'on entendra parler de nous dans le monde.

Les meuniers de Titusville récoltaient le pétrole à la mode des Indiens, c'est-à-dire qu'ils le recueillaient au fond des fosses mêlé à de la saumure, ou qu'ils s'efforçaient de l'arrêter à la surface de l'eau au moyen de couvertures de laine qui s'imbibaient d'huile et que l'on tordait ensuite.

On ne tarda pas à s'aviser que ce système enfantin ne permettait pas d'assurer à la Société une vie commerciale. Déjà Bissel avait été abandonné par un de ses premiers bailleurs de fonds, et l'un des plus importants, M. Pierpont. Pourtant l'avocat ne se découragea pas. Il alla trouver le fameux géologue Silliman. Il prit son conseil :

— Forez, répondit Silliman, un puits artésien, comme si vous alliez à la recherche de l'eau. Je suis persuadé que le pétrole s'infiltre sous la terre et qu'il s'accumule dans de grandes poches. Si avec la sonde vous atteignez un de ces réservoirs naturels, vous y trouverez le pétrole à l'état pur. Mais je ne vous fournis là qu'une hypothèse scientifique. Croyez-vous que des capitalistes vous suivront dans cette voie d'expérience ?

— Je n'en doute pas, répondit Bissel, car si vous savez où git le pétrole, moi je sais où découvrir un homme qui nous procurera des espèces. Mon ami Drake ferait jaillir de l'or d'un rocher, monsieur Silliman !

Et Bissel rit largement, en songeant que dans l'occasion il s'agissait en effet d'huile de rocher.

Ce Drake, en qui l'avocat avait tant de confiance, était un type parfait de Yankee. Il avait reçu peu d'instruction, mais, aux approches de la cinquantaine, il s'était formé une excellente philosophie des hommes et des affaires. On l'avait connu commis-voyageur, gérant d'hôtel, employé de chemin de fer. S'il n'avait pas réussi également dans tous ces avatars, il avait donné chaque fois des preuves exceptionnellement remarquables de son activité et de la variété de ses aptitudes.

Bissel jugea qu'avant de mettre Drake sur la route comme quêteur de capitaux, il convenait de l'anoblir. De sa propre autorité il le sacra

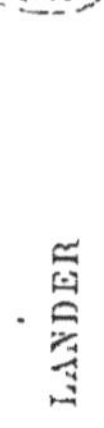

UN LAC D'HUILE A LANDER

colonel. Aux États-Unis la chose est sans conséquence. On y trouve sans doute de véritables et d'intrépides colonels, — tel celui qui, avant de devenir président de la République, a commandé les Rough-Riders. Mais un gentleman qui jamais n'a touché un fusil de sa vie et que les gens de son quartier ont placé, par exemple, à la tête d'une société de bicyclistes, peut très bien, si cela lui plaît, prendre le titre de colonel au lieu de celui de président. Par la suite, en vertu d'une tolérance, laquelle ne rend point ridicule celui qui en use, il conserve son titre toute sa vie, longtemps après qu'il a changé de ville, et que sa société de bicyclistes a cessé d'exister.

Le premier engagement du colonel Drake avec les meuniers de Titusville fut une victoire. Il leur annonça qu'il réduisait de quinze à cinq centimes par baril la redevance que M. Bissel s'était engagé à leur payer. En même temps il étouffait ses publications légales dans le journal d'une bourgade ignorée.

Toutes ces habiletés de businessman n'auraient pas suffi à sauver la P. R. O. C. de la faillite, si, au pied des difficultés, le colonel n'avait eu une de ces inspirations qui sont le sceau du génie.

C'est toujours l'aventure de Colomb et de son œuf. Drake se trouvait en face de terrains sablonneux. Ils s'éboulaient à mesure que l'on y mettait la pioche. Les foreurs du puits étaient des sauniers que l'on avait conviés à cet essai. Ils commençaient d'abandonner le chantier.

Drake songea :

— Si à mesure que nous creusons, j'enfonçais dans ce sable un tuyau de fer? L'éboulement le bloquerait sans l'envahir, et, à l'intérieur de ce tube libre, je pourrais manœuvrer les tiges qui font tourner ma tarière. Ainsi nous atteindrions le roc.

Il tenta l'expérience assisté par un maître ouvrier qui avait été autrefois au service de l'apothicaire Kier. Les pétroliers du Nouveau Monde vénèrent encore ce compagnon après sa mort, à l'égal d'un saint patron, sous le vocable de « l'Oncle Smith ».

Cet homme pratiquait avec habileté et conscience son métier de sondeur. Il entra dans les vues du colonel. Il parvint à faire passer le tube de Drake à travers cinquante-six pieds de sables mobiles. La sonde avançait régulièrement d'un mètre chaque jour.

Un samedi soir, au moment de quitter le travail. Smith sentit soudain que la sonde s'enfonçait toute seule :

— Zut ! dit-il entre ses dents, voilà ma tarière brisée ! Nous reprendrons le travail lundi.

Mais le consciencieux ouvrier ne pouvait éloigner de son esprit la préoccupation que lui causait cet accident. Il ne parvenait pas à s'endormir. Il repassait dans sa mémoire tout le détail de l'aventure. Le « doigté » des sondeurs va plus loin que leurs ongles. Smith ressuscitait dans l'ombre la sensation qu'il avait recueillie, la veille au soir, au bout de sa tarière. Il finit par s'avouer qu'il n'avait jamais rien « éprouvé » de semblable au bout de son index de fer.

— Est-ce que par hasard... ?

Il ne tenait plus au lit. Il se leva à la petite aurore. D'une main qui tremblait il descendit au fond du trou un seau d'étain. Il sentait le seau s'alourdir?

De sable?

Non, le sable avait plus de poids…

Ce que remonta le seau de Smith, c'était du pétrole pur. La tarière avait creusé la voûte rocheuse d'une de ces poches dont Silliman avait prévu l'existence, que Drake et Bissel recherchaient; en vertu du principe des vases communicants le pétrole s'était élevé de lui-même à son niveau.

Le lendemain il y avait autour du puits à huile une telle foule de curieux que l'Oncle Smith fut obligé de jouer des coudes pour faire place à son travail. En quelques heures, sous les yeux des paysans ébaubis, il emplit plusieurs barils. On sentait qu'il venait d'advenir là quelque chose de grand.

Déjà le télégraphe douait les États-Unis d'un système nerveux rudimentaire. En vingt-quatre heures le fil électrique répandit la nouvelle aux quatre coins des États.

Ce fut, comme aux premiers temps de la fièvre de l'or en Californie, un exode, vers

Titusville, de tous les entreprenants et de tous les malandrins qui vivent comme on dit là-bas « pour jouer leur chance ». Tandis que le colonel Drake et que l'Oncle Smith pompaient, ces oiseaux de proie se hâtaient d'accaparer à tout prix les fermes du voisinage. Ils ne songeaient pas à exploiter le pétrole lui-même, mais seulement ses producteurs.

Drake les faisait attendre. Il ne pouvait donner de la tête de tous les côtés à la fois. Peut-être croyait-il que le jeu de ces spéculateurs se lasserait avant que le débit de son puits s'épuisât. Malheureusement ce fut le contraire qui advint. Le puits, qui au cours de l'année 1858, avait donné des signes de fatigue, s'arrêta brusquement de produire en 1859. Force fut alors au colonel de regarder autour de soi.

Comme il avait oublié de prendre une licence pour protéger son invention, tout le monde s'en servait. L'huile coulait à flots. Des fortunes s'édifiaient à côté du puits originel.

Drake fut révolté par cette injustice du sort. La cognée lui manquait ? Il jeta le manche. Il

planta là son puits et brigua le poste de juge
de paix dans le canton de Titusville. On ne
pouvait, en bonne équité, que céder à son
désir. D'autre part le colonel avait gardé un
petit intérêt dans un puits. Il arriva ainsi, péni-
blement, à économiser 150,000 francs. Mais
il avait le cœur ulcéré à la vue des fortunes
qui s'accumulaient à sa barbe, et comme à
présent, grâce à lui, il y avait une Bourse des
pétroles ouverte à New-York, il décida d'aller
y jouer ce qu'il possédait. C'était là, certainement, que le destin lui donnerait sa revanche.

Il perdit tout ce qu'il possédait en quelques
jours.

Drake avait maintenant plus de soixante ans;
une femme, quatre enfants étaient à sa charge.
Il fut recueilli par un ami qui le logea, lui et
les siens, dans un cottage, au fond de la campagne. Mais Drake n'avait pas l'argent nécessaire pour prendre le train et pour se rendre
à New-York.

Un jour qu'il était venu battre la ville pour
tâcher de procurer une place à son fils aîné,

il fut rencontré dans Wall-Street par un pétrolier de Titusville. Il avoua en pleurant que
le trajet en chemin de fer avait épuisé ses éco-
nomies. Il n'avait pas mangé de la journée, et
personne ne semblait disposé à donner du travail à son fils.

Une infortune si imméritée émut ce négociant qui, lui, devait à l'ingéniosité du malheureux colonel le meilleur de sa fortune. Il
télégraphia la nouvelle à ses amis de Titusville. Immédiatement, on ouvrit une souscription. Elle produisit de quoi mettre le colonel
à l'abri de la misère. L'État de Pensylvanie ne
voulut pas être en retard de générosité sur de
simples particuliers. En 1873 il vota d'enthou-
siasme et à l'unanimité un projet de loi qui, à
titre de récompense nationale, accordait au colonel Drake une pension viagère de 7,500 fr.
Elle était reversible sur la tête de sa femme à
qui on la paie encore.

Ceux qui m'ont conté ce roman d'affaires, ne
m'ont pas dit quelle part l'avocat Bissel prit
dans ces générosités. Je sais, en revanche, que,
dès la première heure, il fit, dans la spéculation

une fortune immense. Il fut un des premiers à porter le titre de « Roi de l'Huile ». Quand les politiciens cherchèrent à frapper l'industrie naissante de taxes locales qui auraient paralysé son effort, ce fut lui que le syndicat des « Rois » chargea de la défense de ses intérêts. Ce fut lui encore qui organisa la première compagnie de chemins de fer créée dans le but de rattacher les puits de pétrole au réseau américain.

Si, au cœur de cette fièvre d'activité et d'or, il eut parfois le loisir de se souvenir du colonel Drake, ce fut sans doute pour grommeler :

— Pourquoi cet imbécile n'a-t-il pas songé à prendre un brevet ? Son invention l'aurait fait millionnaire comme moi ! comme les autres ! Ce Drake était décidément moins malin que je ne l'avais cru...

UN PUITS DE PÉTROLE A LANDER

VII

La fièvre de l'huile.

Il fallait prévoir que les États-Unis ne s'obstineraient pas longtemps à importer chez eux des huiles de schiste et de lignite quand ils n'avaient qu'à frapper leur sol pour en faire jaillir une telle richesse. Le premier réservoir naturel de pétrole pur fut atteint par la sonde de Smith le 28 août 1859.

Un an après, en septembre 1860, 500 puits étaient creusés en divers points du territoire de l'Union. Ils fournissaient par jour un débit de 114,000 litres d'huile. Quatorze raffineries épuraient ce pétrole. Les terrains où on les forait avaient vu leurs puits monter de prix dans la proportion de un à mille. La valeur de l'acre (un demi-hectare) avait passé d'une valeur moyenne de dix dollars au prix fabuleux de neuf à dix mille dollars. De plus, presque partout les propriétaires du sol étaient restés intéressés dans l'exploitation.

L'affolement de l'or commença avec la découverte des quatre premiers puits jaillissants (*flowing wells*) : la « Fontaine », l' « Empire », le « Philippe » et le « Noble ».

Ce fut le 1er juin 1861 que la « Fontaine » jaillit. Le propriétaire, un certain Funk, avait atteint avec son forage 460 pieds de profondeur. Si la poche que l'on espérait trouver au bout de cet effort n'était pas très pleine on allait faire faillite. Brusquement le jet d'huile s'élança dans l'air. Quand on eut réussi à grouper le nombre de barils nécessaires au captage, on constata que la « Fontaine » emplissait quotidiennement 300 barils. Le cours moyen du pétrole était alors d'un franc le litre. A ce taux le jaillissement de la « Fontaine » allait rapporter à son heureux propriétaire 50,000 francs par jour.

Quand elle s'arrêta, au bout de quinze mois, Funk avait fait une fortune de 12 millions.

La nouvelle de la montée d'une gerbe d'huile au-dessus du puits avait été accueillie avec scepticisme par tous ceux qui, de leurs yeux, n'avaient pas vu le miracle. On avait donné à la « Fontaine » le surnom de « La Blague ». C'est ainsi que j'ai entendu les Chambâa de l'oasis de Ouargla appeler la « Fontaine-Folle » (Aïn Maboula), la première eau artésienne qui s'élança au-dessus du tuyau de forage et courut sur le sable, en ruisseau. Mais les pétroliers américains, eux, n'étaient qu'au début de leurs émerveillements.

Le 3 septembre 1861, une sonde qui était descendue à 450 pieds, provoqua le jaillissement d'une colonne de pétrole qui emplissait non plus 300 mais 2,500 barils par jour. Il fallut tout d'abord jeter ce flot à la rivière. Ses maîtres le nommèrent l' « Empire ». Ils ne croyaient pas qu'une autre découverte plus heureuse pût jamais leur enlever le record du débit. Pourtant, deux mois plus tard, on annonça qu'un nouveau puits le « Philippe » venait de jaillir, avec une richesse de 3,000 barils par jour. Quand il s'arrêta de couler, en 1873, après douze ans de production, il n'avait pas empli, au cours de sa carrière, moins de 12 millions de barils, soit tout près de 2 milliards de litres avec du pétrole.

L'histoire du puits « Noble » est identique. D'ailleurs autour de ces grands premiers rôles se groupait tout un chœur, — si l'on ose dire, — de puits, plus ou moins doués, dont la note enflait la rumeur de ce concert. On citait un « Davisand Wheelock » qui produisait ses 1,500 barils par jour, un « Maple Chade », un « Twin », un « Numéro 54 », un « Eureka », qui alimentaient chacun 800 barils par jour. Un « Densmore » qui en débitait 600, un « Grant » qui en répandait 450.

Ce fut une transformation féerique, « la fièvre de l'huile » avait gagné des milliers, des millions d'hommes. Un pays, qui, quelques années avant, était aux trois quarts vide et à peu près inculte, se couvrait de routes, de chemins de fer. Il voyait surgir des villes.

On conserve en particulier le souvenir de trois villes de Pensylvanie, Pithole, Garfield et Farnsworth, dont aujourd'hui nous chercherions vainement la trace dans la liste la plus complète des cités et des bourgs des Etats. Selon le proverbe américain : « Elles étaient montées comme une fusée, elles retombèrent comme une baguette. »

Le 1ᵉʳ mai 1865, Pithole n'est qu'une clairière de forêt où quelques huttes forment le cercle. Des chercheurs de pétrole creusent un puits dans son voisinage, le fameux « Twin ». Quatre-vingt-dix jours plus tard, Pithole est une grande ville. Pithole a 16,000 habitants. La poste de Pithole est après celle de Philadelphie et de Pittsburg la plus importante de Pensylvanie. Pithole a des hôtels, des théâtres, des cercles, des clubs, des music-halls, des pompiers, une municipalité, un maire. Pithole commence la construction de son chemin de fer. Soudain, changement à vue. Le Génie de la Terre qui a fait surgir Pithole du néant, comme un champignon par une nuit d'orage, décide brusquement de détruire sa création Deux fois de suite le pétrole met le feu à la ville. Il en dévore les trois quarts ; en même temps les puits cessent de produire.

L'Américain est un joueur. Il ne s'obstine pas quand la chance tourne : il suit la fortune.

Un témoin oculaire dit :

« Le 1ᵉʳ janvier de l'année 1866, se leva sur un Pithole sans habitants, sur des rues silencieuses, sur des demeures désertes. »

La municipalité de Pithole n'avait pas eu le temps d'inscrire une seule naissance d'enfant sur son registre officiel.

Les vies de Garfield et de Farnsworth furent plus éphémères encore. Le destin leur donna trois mois pour naître, se développer et mourir. Elles sortirent d'une cabane de sondeur, qui, dans le district de Cherry-Grove avait foré le puits dit « 646 ». Trente jours après, elles avaient 20,000 habitants. Soixante jours plus tard elles étaient redevenues des camps de rôdeurs et des asiles pour les rats.

Il suffit de courir les 269 milles qui séparent Pittsburg de Buffalo, pour constater quelles solides et durables prospérités se sont édifiées au bord du fleuve d'huile à côté de ces déceptions. On traverse ici un des territoires les plus riches en pétrole des Etats-Unis. La ligne des sert un grand nombre de trous de mines, les uns en activité, les autres déjà abandonnés. Le long de cette voie ferrée, le Pétrole nomme une ville qu'il a tenue sur les fonts baptismaux : « Oil-City », (la Cité de l'Huile). Pas un des 11,000 habitants de cette vaste usine qui ait dans l'esprit une autre pensée que l'huile, dans la bouche un autre vocabulaire que les mots qui expriment des phases de la vie du Pétrole, extraction, purification, expédition.

Quand j'ai passé par Oil-City en 1902, on n'y voyait plus de traces de la terrible catastrophe, qui, en 1892, s'abattit sur la ville, et fit un grand nombre de victimes. Le monstre qui s'était échappé d'un des plus formidables réservoirs de la cité en hérissant sa crinière de feu, est rentré pacifiquement dans sa cage. Oil-City fume, distille, raffine, spécule en pleine prospérité.

Et d'autre part, c'est à l'extrémité de cette même ligne de l' « Alleghany Valley Railway », que, sur les ruines de notre « Fort Duquesne », où, en 1750, des Français signèrent à la flamme du pétrole un traité d'amitié avec les Indiens

Sénécas, s'élève cette extraordinaire ville de Pittsburg, métropole du Pétrole et du Fer. De ses rapports avec notre France royale, la capitale de M. Carnegie n'a gardé qu'un nom, un souvenir, l'*Hôtel Duquesne*. C'est le seul restaurant de l'endroit où l'on ait chance de ne pas manger sa salade assaisonnée avec du pétrole rectifié.

VUE GÉNÉRALE DE CHEYENNE, CAPITALE DU WYOMING

LE TEMPLE MAÇONNIQUE A CHEYENNE

VIII

La Standard-Oil.

Il fallait s'attendre à ce que la difficulté d'exploiter ces richesses naturelles dans un pays où les routes étaient aussi rares que les chemins de fer, donnât, du jour au lendemain, une grande puissance à ceux qui s'efforceraient de résoudre la question des transports, et ainsi, donneraient aux producteurs isolés la chance de conduire leurs barils d'huile jusqu'au marché.

Ce fut en 1867 que des hommes d'initiative qui avaient en eux-mêmes et dans l'avenir de l'huile brute une robuste confiance se groupèrent pour la première fois, afin d'étudier le problème des pétroles américains et de le résoudre en profit. Ils se nommaient William Roc-

kefeller, Rockefeller and Andrews, Rockefeller
and Cᵒ, J.-V. Harkness, et H.-M. Flaeger.

Les études de la Société ayant donné de
grandes espérances, on organisa sous le nom
de *Standard-Oil* une compagnie qui débuta avec
un capital d'un million de dollars (5,000,000
de francs). Cette somme fut promptement jugée
insuffisante et portée à trois millions et demi
de dollars (17,500,000 francs). En 1870, la
Compagnie avait dans sa dépendance 250 raffineries de pétrole.

Tout de suite la politique de la *Standard-Oil*
se dessina. Son intérêt — qu'il ne lui déplaisait
pas de confondre avec l'intérêt public — allait
à soutenir et à développer les établissements
prospères, puis à obliger les autres à fermer
leurs portes, de gré ou de force. Le « Standard-
Oil Trust » fut organisé dans ce but le 2 février
1882 (1). Un comité de neuf membres allait
être chargé de recevoir en dépôt (*in trust*), soit
une partie des actions de chacun des établisse-

(1) Voir pour le détail de ces combinaisons et leur
critique, la lumineuse brochure de M. Yves Guyot :
Le trust du pétrole aux États-Unis.

ments de pétrole que l'on avait décidé de maintenir, soit la direction même de ces établissements.

Après l'examen de chacune de ces affaires, les dépositaires (trustees) firent connaître leur opinion sur la valeur respective des établissements dont ils avaient contrôlé l'actif et le passif. Ils exprimèrent leur jugement dans la forme d'un certificat, dit « certificat de dépôt ». On versa tous ces certificats dans la caisse de la *Standard-Oil*, qui déclara :

— Tous les établissements que j'ai approuvés, classés et que je dirige, sont désormais solidaires les uns des autres.

Les neuf trustees furent J.-B. Rockefeller, O.-H. Payne, William Rockefeller, J.-H. Bostwick, H.-M. Flaeger, W.-G. Warden, Chas. Pratt, Benjamin Brewster et John Archbold. On avait pris d'honnêtes précautions pour assurer dans les délais et les formes convenables la réélection de ces « trustees » par les propriétaires des fameux certificats.

Dans ces conditions, en 1882, le portefeuille de la *Standard-Oil*, représenté par les certificats de dépôt de 39 compagnies, valait 75,000,000 de dollars (375,000,000 de francs).

L'affaire se développa et prospéra dans cette forme jusqu'en 1890. A cette date la cour de New-York intervint et examina les statuts du Trust. Elle déclara, dans un arrêt motivé, que nulle société n'avait le droit légal de transporter ses pouvoirs et ses obligations à un comité qui avait la couleur des *Trustees* de la *Standard-Oil*. En conséquence l'acte qui servait de base aux Trusts était annulé.

Attaquée sur le terrain du formalisme juridique, la *Standard-Oil* était de taille à se défendre. Elle donna extérieurement satisfaction à la loi. C'est-à-dire qu'elle se transforma en vingt compagnies, distinctes les unes des autres, dont le capital total atteignit 102.233.700 dollars (511.168.500 francs). On restitua à chaque compagnie le certificat qui correspondait au nombre d'actions auquel les conditions de son exploitation lui donnait droit. En réalité, ces actions sont restées dans les mains des neuf *Trustees* liquidateurs du Trust. Ils se sont arrangés, on s'en doute, pour conserver la majorité dans chacune des vingt compagnies qui se formaient avec les débris du Trust. Ils se réunissaient, maintenant, à titre privé, pour régler, en commun, les affaires de ces vingt compagnies-là. Le mot de trust était biffé ; l'action, l'organisation que le trust représentait, subsistaient dans leur force.

Devant un pareil état de choses, les porteurs des actions des vingt compagnies avaient tout intérêt à apporter leurs titres et à les vendre à la compagnie nouvelle, qui se formait sous le nom de Standard-Oil-Company-de-New-Jersey.

Elle se constituait au capital de 110,000,000 soit 100,000,000 d'actions ordinaires (*common stock*) et 10,000,000 d'actions privilégiées (*preferred stock*). Il était stipulé que les porteurs d' « actions ordinaires » n'avaient aucun droit de contrôle sur les affaires de la Société, que les administrateurs se réservaient le privilège de leur supprimer tout dividende, sans fournir aucune explication, sans ouvrir leurs livres. Les pouvoirs appartenaient tous et exclusivement aux porteurs d' « actions privilégiées » qui devenaient ainsi les maîtres absolus de l'affaire.

La logique et l'intérêt bien entendu obligeaient M. Rockefeller, s'il ne l'eût souhaité et prémédité, à se débarrasser, tous les jours davantage, de ces porteurs d'actions privilégiées qui avaient le droit de mettre le nez dans ses livres. Il n'y a pas manqué. En 1900 le nombre des actions ordinaires, celles qui ne donnent à leurs porteurs aucun droit de contrôle, a été augmenté de 38,550,700 dollars (192,753,500 francs). Au contraire le nombre des actions privilégiées a été diminué de 3,968,400 dollars (19,842,000 francs).

Cela signifie que M. Rockefeller devient le propriétaire unique de la Société. Si on lui voit garder dans sa caisse *Trois cents dollars* (1,500 francs) d'actions privilégiées d'un capital constitué à *cent dix millions de dollars* (550,000,000 francs), c'est, parce qu'il veut conserver à la « Standard-Oil » le titre de « Société ». Il se distribue à lui-même des dividendes de 43,471,242 de dollars (217,356,210 francs), comme propriétaire de la majeure partie des actions privilégiées ou ordinaires de sa Société.

Cette formidable richesse dispense de faire des émissions. La Standard-Oil augmente son capital par ses propres profits. En 1882 elle distribue 5,25 0/0 de dividende. En 1885 10,50 0/0. De 1892 à 1895, elle rapporte 12 0/0. En 1895 on monte à 17 0/0. En 1896 à 31 0/0. En 1899 à 33 0/0. En 1901 et 1902 à 48 0/0. A la fin de juin 1902, c'est-à-dire en six mois d'exercice, on avait distribué 30 0/0. Il a été établi d'autre part, en 1899, que si, la Standard Oil était à vendre, elle « vaudrait » de 460 à 465,000,000 de dollars, soit *deux milliards trois cents* ou *trois cent vingt-cinq millions* de francs.

Comment une telle prospérité a-t-elle été atteinte ?

Certainement les maîtres de la Standard-Oil étaient des financiers habiles ; mais ils furent avant tout de grands hommes d'affaires, de merveilleux industriels. Ils n'ont jamais spéculé. Ils se vantent d'avoir fait avec la leur la fortune des 3,500 porteurs de titres de la

Standard-Oil qui participent plus ou moins largement à leurs bénéfices.

C'est par erreur qu'en France on a représenté la Standard-Oil comme une accapareuse
d'huile brute.

Elle se garde bien, disaient ses détrac-
teurs, de s'exposer elle-même aux déceptions des forages. Mais, dès que des puits ont
été creusés et qu'ils rapportent, de gré ou de
force, elle s'en empare.

Cette conception des choses correspond tous
les jours moins exactement à la vérité. *Ce n'est
pas la production du pétrole mais son raffinage*
qui est la principale occupation de l'importante Compagnie. Elle ne possède qu'une partie relativement peu considérable des puits de
pétrole actuellement en exploitation. On peut
citer des chiffres précis, 75 0/0 des producteurs américains de pétrole agissent en dehors
de la Standard-Oil. La part de la Standard dans
la production du pétrole brut qui a été conduit sur les marchés pendant ces neuf dernières années, n'est que de 28,70 0/0. Au
contraire, la part qu'elle a prise dans la pro-

LES DRAPEAUX DE L'ÉTAT DE WYOMING

duction du pétrole raffiné dépasse 50 0/0. Il ne saurait, dans ces conditions, être question d'un monopole de production.

Aussi bien la Standard-Oil a-t-elle à sa disposition un autre moyen que l'achat des puits, pour exercer son action sur la production de l'huile brute. Dès qu'un puits est ouvert, et qu'il rapporte, elle offre au propriétaire de le relier avec ses réservoirs par une canalisation. Le producteur compare les frais que lui imposerait le transport de son huile par bateau ou par chemin de fer avec le prix que la Standard lui offre. Il n'y a pas d'hésitation possible. D'ailleurs, qu'elle en ait besoin ou non, la Standard achète toujours l'huile qu'on lui propose. Elle règle le nombre des offres en fixant les cours selon l'état du marché. Si sa réserve devient trop importante elle ralentit la production en abaissant ses prix. Elle pratique d'ailleurs une parfaite égalité à l'endroit de tous les propriétaires auxquels elle achète. Elle ne tient compte que du genre de l'huile qu'on lui présente, de sa qualité. Le producteur qui fournit un demi-baril par jour vend son pétrole au même prix que l'homme heureux dont les puits fournissent quarante barils à l'heure.

Toutes ces conditions d'exploitation sont favorables aux dix-sept cents producteurs de pétrole, qui, à l'heure actuelle, se partagent en Amérique la possession des puits. Et si la Standard-Oil n'avait jamais fait un autre emploi de sa puissance, on ne pourrait que chanter ses louanges en quatre parties. Mais la médaille a un revers.

L'idée première de transporter l'huile — comme l'eau — par un système de tuyauteries circulant tantôt souterrain, tantôt à découvert, revient à un producteur de Syracuse, M. Thomas B. Bates. Comme il y avait un peu de pente de son puits à la station du chemin de fer, il eut l'inspiration de demander aux propriétaires riverains la permission de traverser leur terrain avec une conduite. On le laissa faire en raillant; et, aussi bien, les premiers résultats furent-ils infructueux. Mais l'homme s'obstina. Plus prudent que le colonel Drake il prit à temps un brevet d'invention et, dès 1865, il put fonder la première société de « Pipe-Lines », dite « Tubing Transportation Co. » au capital de 100,000 dollars.

Elle ne tarda pas à avoir des rivales. On pompait en certains points de la canalisation pour faciliter l'ascension de l'huile dans les tuyaux. D'ordinaire l'application du principe des vases communicants et la pente servaient de force motrice. J'ai rencontré pour ma part un peu partout, dans les districts pétrolifères, ces canalisations en fer doux qui courent parfois sur des distances de 25 à 30 milles (39 à 47 kilomètres). M. R. Lee, représentant des trois plus considérables organisations de Pipe-Lines indépendantes de la Standard, affirme que 40 ou 50 0/0 des producteurs de pétrole américains opèrent en dehors du contrôle de M. Rockefeller et qu'ils sont actionnaires dans les compagnies que lui-même dirige.

On le voit donc ; ce n'est ni sur l'accaparement des puits ni sur le monopole des Pipe-Lines que la Standard-Oil a édifié sa fortune féerique ; et, devant son succès, on se pose avec une croissante curiosité la question classique :

— D'où vient l'argent?

Tous les témoignages recueillis au cours d'une enquête qui aboutit à la rédaction, puis à la mise en vigueur de la convention dite « Interstate-Commerce-Act » s'accordent à proclamer :

— La cause originelle de l'extraordinaire prospérité de la Standard-Oil gît dans le traitement de faveur qu'elle a su obtenir des chemins de fer américains depuis sa création jusqu'en 1888.

Ce fut le coup de génie et d'audace de la Société Rockefeller, Andrews and Flaeger, d'associer à sa destinée dès la première heure et à titre d'actionnaires, ceux que déjà l'on nommait « les Rois des Chemins de fer », Scott du Pensylvanian Railroad ; Vanderbilt du New-York Central Railway; Jewett de l'Erie-Railroad; A. Watson du Lake-Shore-Railroad.

Sûre de ces collaborations la Société Rockefeller commença par substituer à la Pensylvanian Co. une société nouvelle : la *South Improvement Company* qu'elle constitua au capital de 200,000 dollars (1,000,000 de francs). Derrière ce paravent, elle passa les traités dont elle avait besoin avec les compagnies qui prêtaient leurs rails aux transports du pétrole depuis les puits ou Pipe-Lines jusqu'au quasi-embarquement. Dès 1872, il fut entendu que les concurrents de la Standard-Oil *paieraient double tarif* pour le transport de leur huile, et que les compagnies donneraient à ladite Standard-Oil tous les détails des transports effectués par elles pour le compte de ses rivaux.

Ce fut dans le camp des producteurs écrasés un concert de plaintes. Un certain M. Rice, qui s'est révélé comme un des adversaires les plus documentés de la Société Rockefeller, dressa un tableau des tarifs que les compagnies accordaient à la Standard-Oil, et un second tableau de ceux qu'on lui imposait à lui-même. Il produisit ces pièces en 1887 devant le tribunal dit de l' « Interstate-Commerce-Commission ».

La cour suprême de l'Ohio nomma un « Master-Commissioner » qui fut chargé de conduire l'enquête. Il reconnut que l'organisation de la Standard-Oil avait été favorable à l'exploitation des chemins de fer eux-mêmes. En effet, M. Rockefeller pouvait venir au secours des compagnies qui, momentanément, manquaient de fret, et se faire patient, à cause des immenses réserves dont il dispose, quand l'encombrement de la marchandise rendait onéreuse pour les chemins de fer, la nécessité de le servir sur l'heure.

Mais le Master Commissioner constata d'autre part que la Standard-Oil vendait ses bienfaits fort cher et aux dépens de ses rivaux.

Les compagnies lui réclamaient *dix cents*, soit cinquante centimes, par transport de baril.

On en exigeait *trente-cinq* de M. Rice, soit *deux cent cinquante pour cent en plus.*

Cette enquête comportait diverses leçons. Je n'en retiens ici qu'une seule. Aux Etats-Unis plus qu'ailleurs l'exploitation de toute industrie est liée à la question des transports.

IX

Cheyenne.

Le désir de voir de mes yeux, à la minute
de sa croissance magique, une de ces villes de
l'ouest qui, en dix ans, passent de l'humilité
d'un grand camp à l'orgueil d'une capitale
d'Etat, m'inspira la pensée de traverser le
Wyoming, dans ma route vers San-Francisco.

Un rendez-vous d'affaires qui m'appelait à
Denver était remis à une autre occasion. Je
franchis cette ville sans m'y arrêter et me ren-
dis à Cheyenne, la capitale dudit Wyoming,
par ce petit chemin de fer, presque parallèle
aux Montagnes Rocheuses, qui monte du Colorado et relie la ligne méridionale du « Santa-

Fé-Pacific-Railway » à l' « Union-Pacific ».

Cheyenne, « Camp de la chienne ». Voilà un premier souvenir français. La ville a été fondée en 1867. En 1869, quand le Territoire du Wyoming fut « organisé », Cheyenne a été désignée comme la capitale. Elle est située à environ 3,200 kilomètres de l'Atlantique, et 1,300 kilomètres du Pacifique. C'est le carrefour où se rencontrent les chemins de fer de « l'Union-Pacific », du « Colorado », et cette ligne complémentaire qui est dite « Burlington and Missouri-River-Railway ».

Tout de suite Cheyenne a eu un sobriquet. On l'a surnommée « la Cité Magique » à cause de la rapidité de son accroissement et de la hardiesse d'initiative de ses habitants. Ils se sont fait une réputation d'audacieuse activité dans une région où cette qualité est plus généralement cultivée que dans nos vieilles sociétés européennes. Aussi bien, à l'heure actuelle, Cheyenne n'a pas moins de 14,000 habitants. Leur nombre croît tous les jours — par les naissances sans doute, mais encore plus par l'immigration. Ici — comme partout

UN RANCH DANS LE CANON ROUGE AU WYOMING

en Amérique — l'enfant est un luxe. On a peu de temps à soi pour « l'engendrer », encore moins pour l'élever. C'est un homme fait, que l'on réclame, un homme tout prêt à la lutte, qui sorte de terre équipé pour la bataille au fur et à mesure des besoins.

Il y a à peine une demi-heure que vous êtes installé dans le bar de l'*Inter-Ocean-Hotel*, les pieds un peu plus haut que les genoux, un cigare au coin des lèvres, et un important « Bourbon-wisky » à portée de votre main. Déjà des voisins cordiaux et causeurs vous ont appris que Cheyenne est dotée :

1° De quatre réservoirs d'eau qui « valent » ensemble 250,000 dollars, soit 1,250,000 fr. et qui contiennent plus d'un milliard de litres d'eau (300 millions de gallons) ;

2° D'un opéra qui vaut 50,000 dollars (250,000 francs);

3° D'une maison de Club qui vaut 30.000 dollars (150,000 francs);

4° D'un capitole d'État qui vaut 30,000 dollars (150,000 francs);

5° D'un projet de Bibliothèque-Carnegie

qui vaudra 50,000 dollars (250,000 francs);

6° D'un Temple Maçonnique à peu près achevé qui coûtera 35,000 dollars (175,000 francs);

7° De deux journaux quotidiens, dont l'un le *Cheyenne-Daily-Leader* a comme éditeur un des hommes qui ont le plus fait pour le développement du jeune État, M. E.-A. Slack;

8° Pêle-mêle! onze églises, deux banques, une Ecole Supérieure, cinq écoles primaires publiques, un hôpital de comté, un tribunal, une prison, une grande circulation de tuyaux de gaz, l'électricité et le téléphone à peu près dans chaque rue et dans chaque maison — enfin tout ce qui constitue la civilisation.

Vous faites un petit tour par la ville pour contrôler de vos propres yeux toutes ces merveilles. Cheyenne est éloigné de Omaha, sa rivale, la capitale de l'État limitrophe de Nebraska, de 821 kilomètres; soit la distance de Paris à Marseille. Et, je ne sais pourquoi, ce souvenir de Marseille, en plein Wyoming, éveille comme une inquiétude de vantardise.

Mais non! Les citoyens de Cheyenne ne se

sont pas vantés, leurs réservoirs sont une
façon de prodige et si l'on songe à la valeur
de l'eau dans des pays si voisins du Grand Lac
Salé, on comprend que les Cheyennois aper-
çoivent dans leurs citernes l'âme visible de la
cité.

Je n'ai pas eu l'occasion d'entendre l'opéra
pendant mon séjour à Cheyenne. J'ignore donc
si les troupes qui s'y font applaudir sont recru-
tées de façon à donner de l'ombrage aux par-
cimonieux directeurs de notre grand Théâtre
Lyrique. Mais j'ai vu le Club de l'Elan avec
son fronton grec, ses colonnes coupées par
des balcons, d'où l'on a une vue très agréable
sur la ville. J'ai admiré les premiers étages du
Temple Maçonnique qui, en combinant le
plein cintre romain avec des fenêtres carrées
et en écrasant son toit, a trouvé moyen, on ne
sait comment, de se donner un petit air orien-
tal.

J'ai préféré le Palais du Gouvernement, qui
se sert de la colonne dorique avec plus de
modération et qui, dans sa solidité rectangu-
laire, n'est pas plus laid que beaucoup de mo-

numents dont s'enorgueillissent nos Sous-Préfectures.

Devant le Capitole je me suis souvenu — toutes proportions gardées — du Nouveau Palais de Justice de Bruxelles. Dans l'École Supérieure j'ai reconnu une de ces solides constructions de style anglais où la tourelle vient naturellement flanquer une bâtisse massive, sans éveiller aucune vaniteuse pensée de château fort. Il suffit de comparer ce monument au déplorable Temple, construit dans le caractère gréco-usine, qui sera un jour prochain, la Bibliothèque Carnegie, pour constater combien il est à souhaiter que les peuples nouveaux ne fassent pas d'emprunts aux vieilles civilisations pour élaborer le style qui convient à leurs besoins et à leur climat.

Voici, en effet, de simples maisons de Cheyenne, celles de MM. Idelman, Heanay, van Orsdel et Murray. Elles se sont seulement inspirées du « style colonial », du chalet norvégien et du cottage anglais pour multiplier sur leurs surfaces mouvementées les bow-windows, les balcons, les terrasses couvertes ou découvertes, puis, sur ces briques, sur ces bois, elles ont jeté la grâce des plantes grimpantes, enfin elles se sont enveloppées de beaux arbres, aussi grands que ceux qui font l'ornement du Parc Public... Le résultat est excellent et charmant. Je défie qu'on passe devant ces demeures où des hommes de lutte se reposent, chaque soir, dans la paix du « home », sans un sentiment d'envie. Les maîtres de Cheyenne en sont à cette minute heureuse où la vie extérieure et publique ne fait pas concurrence pour le plaisir aux joies du foyer.

Le Capitole de Cheyenne, est, dans une de ses parties, un véritable musée. Comme je ne pouvais songer à visiter cette fois le Wyoming en son entier, j'ai été ravi de trouver là, groupés en quelques salles, tous les échantillons de la production du pays.

Bien entendu, la part la plus importante est réservée aux richesses minières, échantillons d'or, d'argent, de fer, de cuivre, de pétrole, de soude. Une bonne exposition de fossiles renseigne sur la construction primitive du sol. Mais il y a une bibliothèque nationale,

et une salle réservée aux souvenirs histo-
riques de l'Etat. On l'appelle la « Galerie ».

Les vitrines offrent ici un spectacle qui, à
sa façon, est émouvant. Ces gens qui n'ont pas
de passé ni de tradition, et qui sont venus des
quatre coins du monde pour livrer le rude
combat de l'homme civilisé contre la nature
sauvage, recueillent avec un respect qui touche, toutes les bribes de souvenir par où se
formera, avec le temps, la légende du Nouvel
État.

Deux diplômes remportés par le Wyoming
dans les expositions de Chicago et de Omaha
sont l'objet d'une vénération particulière. On
les considère à Cheyenne comme les premiers
papiers de noblesse de l'État. J'ai vu, d'autre
part, une salle dont les murs sont garnis de
photographies soigneusement encadrées; ce
sont les portraits de ces hommes sans aïeux,
pionniers, ranchmen, gens d'affaires, gouverneurs, maîtres d'école, bienfaiteurs, morts hier,
voire encore vivants, qui ont été les premières
fiertés, les « premières colonnes » de l'État
nouveau-né.

Et certes, l'on n'a pas envie de rire, quand on entend le bibliothécaire qui vous guide, nommer tous ces inconnus avec des lèvres pieuses, quand il dit, en vous montrant deux drapeaux enfermés derrière une vitrine, l'un, tout brillant, dans sa nouveauté de soierie et de broderie, l'autre déjà souillé et troué :

— Ce magnifique drapeau est celui de l'État. Il a été offert par les femmes du Wyoming lorsque le Territoire a été érigé en État par vote du Congrès, le 10 juillet 1890. Quant à cet autre drapeau, il a été porté par le régiment des Rough-Riders de Torrey dans toutes les batailles des Philippines. Voilà comment ils l'ont rapporté !

X

Le Wyoming à vol d'oiseau.

La bibliothèque de l'État est installée dans
une grande pièce, beaucoup plus longue que
large. Les registres occupent le rez-de-chaussée
des murailles; les livres, le premier, le second, le troisième et le quatrième étages, derrière des vitres. Le sol et le plafond sont tra-
versés par des tuyaux de chaufferie à vapeur.
Il y a une belle mappemonde, enchassée entre
deux cercles de cuivre, et, tout au fond, une
table, sur laquelle le conservateur étend volontiers des cartes.

Ces modernes cartes du Wyoming n'ont rien
du relief ni de la précision de nos documents
d'État-Major. Elles se contredisent volontiers;

11

et aussi bien, beaucoup de cours d'eau secondaires n'ont été reconnus jusqu'ici que par des pêcheurs de truites ; d'autre part on a manqué d'alpinistes pour faire l'ascension des hauts pics du pays. Le massif des Wind-River-Mountains atteint, sans noms, des hauteurs de 4,300 à 4,600 mètres. Dans un massif, jadis baptisé par les Français, le Grand-Téton atteint 4,600 mètres au-dessus du niveau de la mer, 2,600 mètres au-dessus de la vallée. Enfin le mont Frémont dépasse 4,139 mètres.

J'ai dit à M. le bibliothécaire :

— Supposez, monsieur, que nous disposions d'un bon ballon pour nous élever au-dessus de l'État du Wyoming, et d'une vue assez perçante pour le découvrir tout entier, par-dessus le panier de notre nacelle, dans le cercle élargi de l'horizon. Avec quels reliefs et quelles dépressions nous apparaîtra-t-il ?

On m'a répondu :

— Il faudrait, en effet, mon cher monsieur, que nous fussions doués vous et moi d'une vue merveilleuse ; car, entre le 27° degré et le 34° degré de longitude ouest (méridien de

Washington), et, d'autre part, le 41° degré et le 45° degré de latitude nord qui le contiennent, le Wyoming s'étale, sur une superficie de 248,000 kilomètres carrés, soit 97,883 milles carrés américains. Cela équivaut, — vous en doutez-vous? — à la superficie de l'Angleterre, de l'Écosse et du Pays de Galles additionnés, ou de l'Italie sans la Sicile.

« Tel quel, notre État ayant été tiré au cordeau le 25 juillet 1868, par ordre du Congrès, présente exactement la forme d'un rectangle. Il est limité au nord par l'État de Montana ; à l'est par le Dakota et par le Nebraska ; au sud par le Colorado et l'Utah ; à l'ouest par l'Utah, l'Idaho et le Montana. Il se subdivise en treize comtés, quatorze en comptant le Yellowstone-National-Park.

« Supposons donc que, d'après votre hypothèse, nous nous élevions au-dessus de ce comté central de Frémont, qui contient la réserve où ont été refoulés les Indiens Shoshone.

« Qu'apercevons-nous?

« On peut dire que l'État de Wyoming est traversé du sud-est au nord-ouest à peu près en

biais, par une suite de chaînes de montagnes.
Elles apparaissent fréquemment interrompues,
— particulièrement vers le centre de l'État, où
elles font mieux que s'élargir pour livrer passage à des cols ou à de larges vallées : elles
s'enfoncent tout entières dans l'herbe des hauts-
p lateau

« Ces diverses chaînes de montagnes font
partie du grand système généralement connu
sous le nom de Montagnes-Rocheuses qui sert
d'épine dorsale à l'Amérique du Nord.

« Naturellement ce formidable tronc d'arbre
jette, de ci de là, des branches nombreuses et
inégalement ramifiées. C'est ainsi qu'à son entrée par la pointe du sud-est, dans notre banlieue de Cheyenne, il pousse du côté de l'orient
un rameau qui se nomme les montagnes de Laramie, et, du côté de l'occident, la chaîne dite
Medicine Bow Range. Le tronçon central qui
traverse la « Réserve Indienne » est le massif
des Wind-River-Mountains. C'est lui qui renferme le pic de Frémont. Puis, inclinant toujours vers l'ouest, nous trouvons les massifs
du Gros-Ventre et du Grand-Téton. Enfin, à

l'angle gauche du Wyoming, là où l'on colle-
rait le timbre sur l'enveloppe, il y a le fouillis
des montagnes du Yellowston-Park et du
comté septentrional de Big-Horn.

« L'admirable prairie, enfermée entre toutes
ces hauteurs, occupe le centre et l'est de l'État.
Vous apercevez, en divers points de l'horizon,
les taches sombres de la forêt. C'est, dans l'angle nord-ouest, le tas des pins du parc de Yel-
lowstone et de la réserve du Téton. Juste au
centre de la frontière nord, l'énorme forêt de
Big-Horn se répand sur trois comtés. Sur notre
frontière de l'est, du côté du Dakota, nous
avons la Réserve, dite des Collines Noires
(Black Hills). Enfin, entre Cheyenne et Laramie, un décret (il date du mois d'octobre 1900)
a décidé de réserver les pins et les sapins, que
vous pourrez apercevoir sur votre gauche, si
vous montez vers le nord par le chemin de
fer « Colorado and Southern ».

« Vous devinez que des eaux abondantes
coulent en tous sens dans un pays où la montagne et la forêt touchent ainsi les nuages ?

« Notre système hydrographique se divise,

si l'on peut dire, en deux versants et quatre mouvements.

« Sur le revers pacifique des Montagnes Rocheuses, deux fleuves : au nord la Snake-River dont les eaux vont au Pacifique après s'être versées dans la Colombia, — la Green-River qui incline vers le sud, et, sous le nom de Colorado, se vide dans le golfe de Californie.

« Du côté atlantique toutes les eaux du Wyoming vont se perdre dans le golfe du Mexique par les bouches du Mississipi. Mais voyez quels formidables arcs de cercle elles décrivent! La rivière qui sort du Yellostone Park s'élève vers le nord, traverse le Montana et va rejoindre le Missouri à l'entrée du Dakota.

« La North-Platte-River prend sa source aux frontières du Colorado et de notre comté de Carbon. Elle monte elle aussi vers le nord, jusqu'au cœur du pays; là, elle décrit un large arc de cercle, puis elle redescend vers le sud-est et va, comme sa camarade, rejoindre le Missouri, après avoir arrosé tout l'État de Né-braska. Ainsi le Wyoming est un centre de dispersion hydrographique extrêmement important : ses eaux touchent à la fois le Pacifique, le Golfe de Californie et le Golfe du Mexique.

« Dans ces conditions d'existence alpestre, le climat du Wyoming est — je n'hésite pas à prononcer le mot — « idéal ». La pluie et le brouillard nous sont autant dire inconnus. Nous passons l'année entière sous un ciel sans nuages en face d'un soleil perpétuellement visible. La température moyenne est de 22 degrés centigrades (41 Fahrenheit). Août est le mois le plus chaud de l'année. Il apporte une température moyenne de 37 degrés centigrades (67 Fahrenheit). Le mois de décembre est le plus froid ; la température moyenne y descend à 9 degrés centigrades (16 Fahrenheit). On a donc songé à nous comme à un sanatorium naturel. On nous envoie les soldats que les fièvres de Cuba et des Philippines ont éprouvés pour que nous les guérissions avec la pureté de notre air montagnard. Nous verrons demain se diriger vers nous l'exode des asthmatiques et des phtisiques qui se sont épuisé les poumons dans les grandes villes de l'Est.

« Le Wyoming peut les accueillir sans inquiétude. Il les guérira sans crainte de contamination. En effet, nous ne comptons encore qu'un sept dixième d'habitant par kilomètre carré. Cela met pour longtemps à l'abri des coudoiements insalubres. »

XI

Les Ranchs.

M. le bibliothécaire avait commenté pour moi les reliefs, les vallées, les forêts et les eaux de l'État nouveau-né. Je voulais connaître maintenant la vie des immenses troupeaux qui se meuvent à la surface de cette prairie.

On me dit :

— Tâchez de rencontrer au club notre concitoyen M. B.-B. Brooks. Sans doute il est plus souvent à son ranch, au milieu de ses bêtes, mais ses affaires l'appellent parfois à Cheyenne. Il était des nôtres ces jours derniers.

J'ai eu l'heureuse fortune d'atteindre l'honorable B.-B. Brooks. J'avais devant moi un homme dans la quarantaine, d'une alerte

LE RANCH DE L'HONORABLE B.-B. BROOKS AU WYOMING

et énergique maigreur. Ses cheveux, encore abondants et disciplinés, s'élèvent, sans ondes, sur le côté droit de la tête. Ses sourcils épais couvrent des yeux d'une expression intense. Ces yeux de ranchman ne laissent pas lire au-dedans de leur propriétaire : ce sont deux fenêtres lumineuses ouvertes sur le monde extérieur. Par ces orifices M. B. Brooks regarde, jusqu'à l'horizon, avec une vigilance de sentinelle, de chasseur et de pilote. Visiblement, on a devant soi un homme, qui, avant de porter ce haut faux-col, glacialement empesé et cette cravate en faille noire, a veillé, revolver au poing, sur sa propre vie.

Contrairement à la mode américaine qui, volontiers, rase tout le visage ou laisse seulement subsister les moustaches. M. B. Brooks porte sa barbe, jadis noire, aujourd'hui ici là blanchissante, taillée à peu près en pointe. Cela lui donne un aspect un peu français, l'apparence d'un citoyen de notre Franche-Comté, nerveux, sec, roulant dans les veines une pinte de sang espagnol.

On m'avait montré une photographie du

ranch que l'honorable B. Brooks a établi en plein cœur du Wyoming, au milieu d'une plaine splendide, au pied des montagnes, dans le comté de Natrona. Rien ici n'a été improvisé et nos élèves des Beaux-Arts pourraient trouver que le plan du ranch manque de symétrie. C'est qu'il s'est bâti au fur et à mesure des besoins de la croissante prospérité du maître, — comme le Kremlin de Moscou.

Fils de ranchman, M. Brooks a tout d'abord donné son attention à la distribution de l'eau. Ses irrigations sont un modèle du genre. Ensuite il a élevé, pour ses foins d'hiver, des granges spacieuses, puis des étables, puis des clôtures, et à la fin, en dernier lieu, car un bon ranchman songe d'abord à ses bêtes, une demeure, avec des terrasses en style colonial. On parle de cette belle résidence au delà des frontières du Natrona. Elle est, bien entendu, éclairée à l'électricité, reliée par le téléphone aux bâtiments du ranch.

M. Brooks n'a pas fait de difficulté pour me parler d'une question qu'il connaît si bien. Il ne dissimule pas les secrets de son élevage. Le

Wyoming est un de ces pays heureux où non seulement on ne redoute pas la concurrence, mais où on la souhaite.

J'avais demandé si le bœuf est dans le pays un autochtone ou un importé.

M. Brooks m'a répondu :

— Quand le pays qui forme aujourd'hui cet État a été découvert, c'étaient seulement des buffles et autres gibiers sauvages qui paissaient l'herbe de ces prairies. Mais le Wyoming se trouvait sur le trajet de cette grande migration d'hommes qui s'est dessinée vers le Pacifique au milieu du xixe siècle. Ces gens étaient accompagnés de troupeaux. Quand des bêtes tombaient, malades ou blessées, la colonne ne s'attardait ni à les relever ni à les abattre. On les abandonnait à leur destin. On pensait que c'étaient des proies qu'il fallait laisser en tribut aux bêtes de la montagne. Aussi l'étonnement fut vif parmi ces conducteurs de troupeaux qui savaient avec quelles difficultés et quelles dépenses on fait subsister les bêtes pendant l'hiver, lorsque, dans les premiers jours du printemps, il leur arriva de retrouver, vivants, retournés à l'état sauvage, gras à tuer, ces animaux que l'on avait abandonnés au plein air, à toutes les intempéries d'un hiver rigoureux. Il n'y avait qu'une explication plausible à cette anomalie : l'herbe montagnarde du Wyoming avait évidemment des qualités nutritives très exceptionnelles.

Je demandai :

— Est-ce que les belles bêtes que j'ai vues passer à pleins wagons sont les fils de ces invalides, remis à neuf par l'herbe du Wyoming ?

On rencontre en effet ici, un peu partout, un animal dont le type est pour ainsi dire invariable. Il est bas sur jambes avec une croupe élevée, une tête blanche, un corps pie où le brun domine. Ses cornes courtes et entièrement horizontales lui donnent une physionomie très caractéristique.

L'honorable B. Brooks répondit :

— Nos troupeaux sortent d'un croisement heureux. Il y a vingt ans — au moment où je débutais comme ranchman — George Morgan nous a ramené d'Angleterre quelques taureaux étalons, supérieurement choisis, de la race

« Royal-Herefords ». Ils ont été les patriarches de notre peuple. Aujourd'hui les éleveurs anglais peuvent trouver déjà dans nos ranchs des sujets de race « Royal-Herefords » supérieurs à ce qu'ils fabriquent eux-mêmes. Nous voyons venir le moment où les éleveurs étrangers, placés en face d'une race qui s'épuise, viendront acquérir, à grand prix, des taureaux et des vaches de choix en Wyoming.

M. Brooks ne me quittait pas de l'œil. Il ne doutait pas que je fusse vivement intéressé par son récit, mais il tenait à fournir ses preuves.

— Le croiriez-vous ! s'écria-t-il, un de nos éleveurs vient de parier — à dix contre un — qu'il mettait au défi quatre éleveurs de bœufs Herefords de présenter, même en unissant leurs efforts, 88 génisses d'un an munies de leurs papiers en règle, et produites dans d'aussi belles conditions que les siennes ? Personne n'a osé relever le gant ni en Amérique ni en Europe.

Et il me conta que, à la dernière Exposition Universelle de Chicago, où tous les éleveurs de l'Ouest avaient envoyé la fleur de leurs produits on avait eu la stupéfaction de voir les ranchmen du Wyoming emporter nombre de prix dans diverses classes.

— Cette supériorité, dit-il, a des origines diverses. Nos bœufs ont d'abord des mérites qu'ils doivent à notre climat tout seul. Des médecins ont établi l'an dernier, dans un rapport, que les enfants, nés dans l'air pur et aux hautes altitudes du Wyoming, ont les poumons plus développés, la poitrine plus large que les petits Américains qui grandissent sur les bords de la mer. Il en va de même pour nos bêtes d'élevage. Elles apparaissent douées d'une puissance de respiration considérable. Les poitrines sont larges, la taille élancée, les côtes bien développées, le cœur très profond, les veines et les artères sont merveilleusement souples, car l'altitude montagnarde de notre pays exige une circulation très libre et très rapide. L'estomac du bétail est en proportion. Et quel incomparable fourrage n'avons-nous pas à loger dans cet estomac-là ! C'est d'abord l'alfalfa, le foin naturel à tige bleue, dont se nourrissaient à l'état sauvage les buffles du Wyoming. Il surpasse en qualité la fameuse herbe du Kentucky. Notre avoine est aussi de qualité excellente. Elle achève de pousser nos bêtes au complet développement des os, des muscles et de la viande. J'ajoute que toutes ces plantes fourragères peuvent être produites rapidement, à bon marché, sous notre ciel toujours pur, au moyen d'irrigations qui ne coûtent pas cher à établir.

M. B. Brooks s'arrêta. Il regardait au loin, avec une évidente expression de complaisance pour le tableau qui se présentait à ses yeux. Je le conjecturai : il apercevait cette belle prairie de son ranch qu'il a arrosée comme un parc.

Je demandai :

— La race de Herefords est-elle installée au Wyoming à l'exclusion des autres ?

M. Brooks répondit :

— Lorsque la nourriture est abondante et que l'on peut donner au bétail des soins un peu délicats, il n'y a pas de race qui vous rembourse plus vite, qui donne plus de satisfaction que le durham. Dans les parties très froides et très montagneuses, où les animaux ont à supporter de rudes fatigues, je ne vois rien qui vaille la race de Galloway. Les éleveurs de l'Est disent beaucoup de bien des polled-angus. De fait, toutes les races du monde peuvent être croisées avec celles du Wyoming. Aussitôt on voit la taille croître, la qualité de de la viande s'améliorer. Pour moi, mes préférences vont, comme je vous ai dit, aux Herefords. Et voici une des nombreuses expériences sur lesquelles j'ai assis mes sympathies.

« Il y a quelques années, j'ai invité des ranchmen à surveiller avec moi une expérience dont nous voulions tirer une leçon. Nous avons choisi un bœuf de race commune et un Herefords du même âge. Nous avons placé ces deux sujets dans des conditions identiques de nourriture et de soins. Chaque animal gagnait parallèlement deux livres par jour. Quand l'engraissement a été achevé nous avons envoyé le couple au marché. Le bœuf commun a été vendu à raison de cinq dollars (25 francs) les cent kilos. Le Herefords à raison de six dollars trente cents (31 fr. 75 centimes)

LES BŒUFS HEREFORD DE L'HONORABLE B.-B. BROOKS

les cent kilos. Il y avait là des gens qui disaient :
« C'est un parti pris ! » Les acheteurs ont répondu : « Des gens qui paient n'ont pas de
parti pris. Nous voulons débiter ces animaux
en boucherie. Une fois en pièces votre bœuf
commun fournira 58 0/0 de viande, le bœuf
de Herefords 67 0/0. »

Je désirai savoir de quelle façon les ranchmen conduisent la sélection. J'interrogeai
M. Brooks sur cette question particulièrement
intéressante.

Il déclara :

— Nos éleveurs tâtonnent encore. J'ai visité
cet été un grand nombre de ranchs où l'on
pratique l'élevage du bétail. Presque partout
on m'a tenu ce raisonnement naïf : « Nous ne
cherchons qu'à accroître le nombre de nos
bêtes. En effet, si cent têtes de bétail nous
rapportent mille dollars, mille têtes nous en
rapporteront dix mille. » C'est une idée qu'il
faut déraciner comme une plante malfaisante
de la cervelle des éleveurs de l'Ouest. Dix
vaches de race authentique, bien sélectionnées,
bien soignées, rapporteront plus d'argent que

cent bêtes chétives et à moitié affamées. Autant
le maniement des premières donne de satisfaction, autant la conduite des autres occa-
sionne d'ennuis. Il faut élever moins de bétail
et l'élever de meilleure qualité; or, pour atteindre ce résultat, il n'y a qu'un secret : il faut
se montrer intransigeant dans le choix des
taureaux. Versez dans votre troupeau quelques mâles de qualité supérieure et vous verrez
votre bœuf se transformer à vue d'œil. Au
contraire, si l'on est parti d'un taureau médiocre, la vie d'un homme n'est pas assez
longue pour régénérer dans les descendants
cette tare originelle. Le malencontreux aïeul
vous fera perdre 3 dollars (15 francs) par chacune des bêtes qu'il aura engendrées.

J'admirais la facilité avec laquelle ce ranchman était prêt à distribuer la monnaie d'or de
son expérience. Je lui en dis un mot; il sourit
et ajouta :

— Le Wyoming, mon cher monsieur, pourrait faire vivre dix mille ranchs de plus que
nous n'en possédons. Ce serait un bénéfice
pour le pays, à une condition pourtant : il fau-

drait que ces nouveaux éleveurs nous aidassent à perfectionner la race et non à la vulgariser. C'est pourquoi je ne manque pas une occasion de donner à mes confrères ce conseil intéressé et désintéressé : « Améliorez vos troupeaux par élimination. C'est une opération sûre et simple. A chaque retour du printemps faites défiler sous vos yeux vos génisses d'un an. Examinez-les. Débarrassez-vous de toutes celles qui pèchent par la forme ou par la couleur. Si vous trouvez que dans l'ensemble votre bétail est trop léger par derrière, trop étroit par devant, qu'il a les jambes trop longues ou le corps trop court, dirigez la sélection de vos taureaux dans le sens de la correction du défaut qui vous déplaît. Ces précautions primordiales une fois prises, nourrissez libéralement. Alors, au bout de peu d'années, vous verrez paître devant vous cet animal à peu près parfait que votre cerveau a rêvé, que votre expérience aura réalisé. L'argent vous récompensera tout de suite de vos peines, mais à une condition : c'est qu'il n'aura pas été le but que vous vouliez atteindre immédiatement et sans peine. En effet, celui qui n'a jamais songé qu'à poursuivre le tout-puissant dollar regrettera, avant la fin de sa vie, d'avoir marché dans cette voie. Au contraire... »

Et, ici, l'honorable M. B. Brooks se rengorgea avec un vif sentiment de sa dignité morale, avec l'orgueil légitime de ses mérites d'éleveur :

— ... Au contraire, celui qui, tandis qu'il vivait, a amélioré n'importe quelle race d'animaux de boucherie, a été un bienfaiteur de l'humanité.

XII

Le pays du mouton.

Si quelqu'un de mes lecteurs, ému par les statistiques que publient annuellement les tueurs de Chicago dans le but évident de décourager la concurrence européenne, songe, dès cette minute, à aller tenter l'élève du porc dans les vallées du Wyoming, je lui conseille d'étudier les chiffres donnés à ce sujet. Mais on me permettra de parler à cette place des moutons et des chevaux que j'ai croisés en ce pays-ci. Il y a de longues années que l'homme qui écrit ces lignes a commencé de vouer à ces deux catégories de quadrupèdes une tendresse particulière. Ce n'est pas vainement que l'on a passé sur les hauts plateaux algé-

riens de belles journées de sa jeunesse à pousser devant son petit cheval barbe la masse
mouvante d'un troupeau.

Il fallait s'attendre à ce que cette herbe du
Wyoming si aromatique, et, par endroits, si
salée, produisît un mouton admirable. Chance
ou sélection les gens d'ici ont réussi à produire
une bête qui a tous les mérites : elle est bonne
lainière, et ses gigots rebondis, près de terre,
font la joie du boucher.

L'aventure est plus rare qu'on ne croit, surtout en pays montagnard. En effet, les Français qui ont seulement traversé la Méditerranée
pour aller visiter notre Algérie ont pu observer
que nombre de moutons kabyles renoncent à
porter la toison frisée pour se couvrir le dos
d'une sorte de poil décidément rèche, qui res-
semble au manteau de la chèvre bien plus qu'à
la douillette du mouton français. C'est bien pis
en Abyssinie et dans les pays Gallas, où les
plateaux atteignent 3,000 mètres d'élévation.
Les admirables moutons noirs que j'ai fait si
souvent rôtir à ces hauteurs, devant de grands
feux de plein air, quand je voulais régaler mes

soldats et moi-même, nous fournissaient la viande la plus succulente que j'aie mangée de ma vie. La graisse qui s'est formée entre le ciel et le pâturage, aux dépens des herbes aromatiques, a une finesse qu'on ne retrouve nulle part ailleurs.

Mais la toison?

Les moutons abyssins et gallas qui ont passé par mon couteau n'avaient pas un brin de laine sur leur dos. Leur robe ressemblait plus à celle d'un braque noir qu'aux poils longs d'un épagneul. Mettons qu'elle tenait le milieu entre les deux. Ce n'était pas du duvet que l'on touchait en saisissant ces bêtes pas l'épine dorsale, pour mesurer la largeur de leur rein : c'était tout bonnement du poil de chien.

Les moutons du Wyoming ont été merveilleusement sélectionnés au point de vue de la toison comme au point de vue de la viande. Il suffit, en effet, de permettre qu'un bélier dont la robe n'est pas immaculée, se mêle au troupeau, pour que, pendant des générations, on retrouve, mêlé au brin de la laine de ses petits fils, ce que les spécialistes nomment avec mépris le « rouge ».

Je me souviens qu'autrefois je suis allé supplier les membres de la Chambre de commerce de Reims d'acheter des laines algériennes et de nous aider ainsi à soutenir le berger indigène.

Ils m'ont répondu :

— Faites d'abord de la sélection. Les brins de rouge qui subsistent, même après le plus scrupuleux classement, dans la laine algérienne, rompent après filage le ton de nos flanelles. Cela nous fait perdre, au moment de la vente, un sou du mètre.

Aussi avec quelle admiration je les regardais passer ces moutons du Wyoming, si pareils entre eux, si ramenés à l'unité d'un type voulu et choisi, qu'on les distingue seulement par le sexe et par l'âge.

Depuis 1883 que l'élevage a débuté, il a pris une extension considérable. On ne compte pas aujourd'hui au Wyoming moins de 3,300,000 moutons, d'une valeur moyenne de 10 fr. 30 par tête, ce qui donne au total un ca-

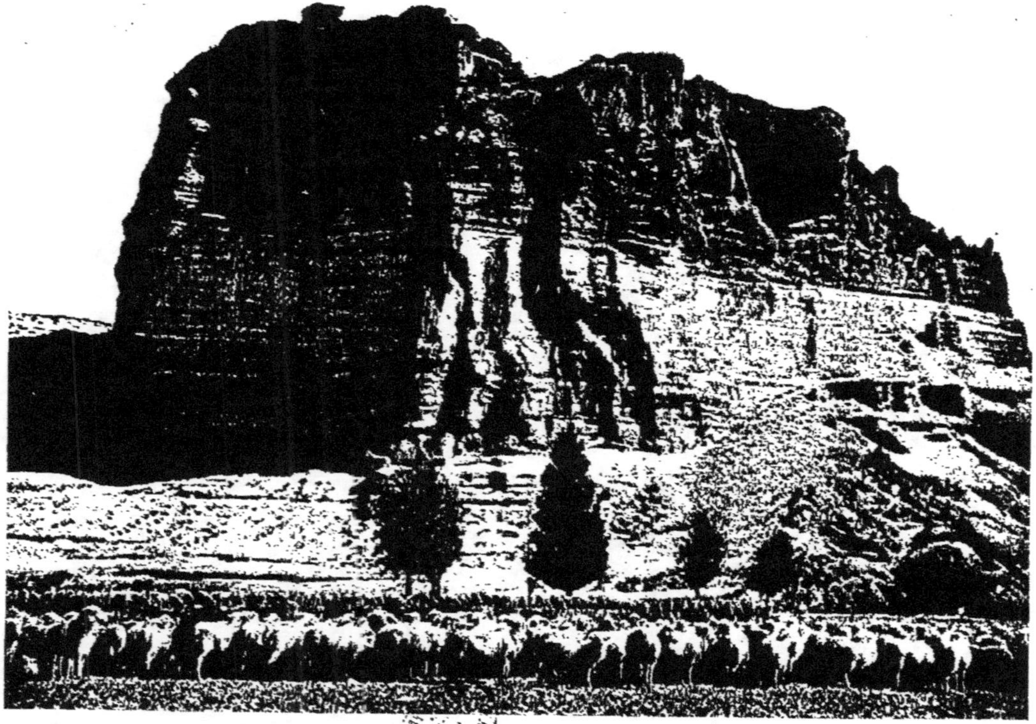

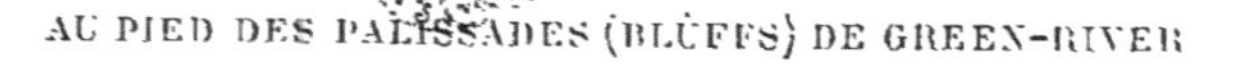

AU PIED DES PALISSADES (BLUFFS) DE GREEN-RIVER

pital de 34,000,000 de francs en bêtes lainières. Les troupeaux de 6 à 7,000 moutons appartenant au même propriétaire ne sont pas rares.

Les conditions de la vie sont ici les mêmes que sur nos hauts plateaux algériens : c'est le régime de la transhumance. En été les moutons escaladent la montagne pour fuir les grandes températures d'en bas. En hiver, ils redescendent à la plaine qui est abondamment pourvue d'herbe.

Dans ces conditions le Wyoming est, par ordre de richesse, le troisième État producteur de moutons de l'Amérique du Nord. Le Nouveau Mexique et le Montana ne le dépassent que de quelques milliers de têtes. Au point de vue de la qualité de la viande, de la valeur de la laine, du nombre des agneaux, du prix atteint le jour de la vente, par chaque tête d'animal, les éleveurs wyomingeois se vantent de s'être placés et de se maintenir au premier rang des Territoires et des États de l'Ouest. Les récompenses qu'ils ont obtenues quand on les a mis en concurrence avec leurs rivaux justifient cette prétention.

XIII

Les Cow-poneys.

Je n'ai jamais lu nulle part d'études scienti-
fiques un peu complète sur les chevaux de l'Amérique du Nord. C'est à titre de pure hypothèse
que je serais tenté de leur assigner une origine asiatique. En tout cas les cow-poneys du
Wyoming sont un assez bon type du cheval
primitif que les blancs trouvèrent ici entre les
genoux de l'homme rouge.

Chacun sait que les chevaux produits et
nourris dans des pays montagneux, à l'air pur,
léger des altitudes, entre 5,000 et 10,000 pieds
(1,660 à 3,320 mètres), ont des qualités particulières. Leurs poumons sont plus profonds,
leurs ossatures et leurs musculatures plus dé-

veloppées que le squelette et le système musculaire des bêtes élevées dans la plaine. De même les sabots des montagnards sont-ils plus pareils à ceux du mulet et de l'âne.

J'ai été charmé de constater une fois de plus, que les mêmes causes climatériques produisent en tout pays du monde les mêmes effets. Ces poneys que les cow-boys du Wyoming enlèvent sous leurs selles ressemblent merveilleusement à tel petit cheval galla que j'ai acheté au marché d'Addis-Ababa, à 3,000 mètres en l'air, et qui, avec un formidable paquetage sur le dos, a marché, galopé sous moi, pendant 2,000 kilomètres, sans un seul jour de repos, et, aussi, sans une boiterie ni une écorchure.

On peut voir ici, en belle page, un spécimen excellent d'un de ces poneys américains.

Quand le président Roosevelt, au cours d'une de ses dernières tournées dans l'Ouest, a fait sa visite au Wyoming, les habitants de Cheyenne, de Laramie et de Douglas, ont aligné en concurrence les animaux qu'ils se proposaient de présenter, comme montures de choix, à l'ancien

chasseur de la Montagne Rocheuse. La palme
a été unanimement accordée à un cheval de
Douglas. Ce phénix ne possédait pas seulement
d'excellents aplombs, il semblait doué d'une
intelligence exceptionnelle. Il se nommait
Rag-a-Long. Le Président l'enfourcha avec un
sourire de bonne humeur. Il saluait en lui tout
son passé de ranchman.

Au retour de la chevauchée qu'il fit entre
Laramie et Cheyenne, M. Roosevelt se déclara
si satisfait de sa monture que les citoyens de
Douglas résolurent de lui en faire cadeau. Une
souscription fut tout de suite ouverte et cou-
verte. On profita d'une cérémonie sportive, à
Cheyenne, pour prier M. le sénateur Warren
d'offrir ce cow-poney à l'ancien colonel des
Rough-Riders :

— Je t'appellerai Wyoming ! dit joyeusement
le Président en saluant le poney de la main.
Aussitôt Wyoming, que son dresseur tenait par
la bride, mit un genou en terre.

Vous entendez d'ici les applaudissements.

Évidemment, si l'on compare cette bête de
route à des sujets de pur sang arabe, comme

ce magnifique Mansour qui est une des vanités des haras de l'État français, ou même comme Ben-Chicao qui a été importé chez nous d'une bonne source syrienne, « Wyoming » tombe en défaveur. Il fait meilleure figure à côté de nos barbes algériens, tel Kif-Kif, cet étalon qui fut primé au concours hippique de 89, tels les chevaux de troupe de Sétif, dont M. Aureggio donne des types excellents dans son beau livre « *Les chevaux du nord de l'Afrique* ».

Mon expérience, c'est que le barbe s'est surtout conservé à l'état pur dans la montagne algérienne (en dehors de la Kabylie où on l'a trop sacrifié au mulet). Ses caractères sont presque partout les mêmes ; la tête est carrée, petite, le profil droit, mais souvent légèrement incurvé, le front large, les yeux, quoique intelligents, apparaissent un peu couverts. Trop souvent les oreilles ont une tendance à tomber. L'encolure est forte, le dos large et droit, le rein court, la croupe bien soudée au rein, la poitrine ample, descendue, bien cerclée ; les membres sont forts ; les bras, les avants-bras bien musclés; en résumé, on a devant soi un cheval près de terre et bâti en force.

Si vous relisez ces lignes en examinant « Wyoming » avec des yeux de connaisseur, vous verrez que nombre de traits de cette description classique du montagnard africain, s'appliquent au montagnard d'Amérique.

Lui aussi il a le profil busqué et les yeux couverts, le dos droit, le rein bien soudé à la croupe, la poitrine ample, descendue, bien cerclée. Son encolure ne vaut pas celle des barbes de bonne origine, mais son arrière-main est peut être meilleure, ses oreilles ont une excellente tenue, et lui aussi il est bâti pour la résistance.

On en a eu la preuve pendant la guerre de Cuba. Les chevaux que le gouvernement des États-Unis avait achetés en Wyoming ont donné sous le cavalier des résultats parfaits. De son côté, pendant la campagne d'Afrique australe, le gouvernement anglais a acheté en Wyoming autant de milliers de chevaux qu'il a pu en obtenir.

A la date précise où je traverse le pays, on

estime que l'élevage du Wyoming monte
à 88,340 bêtes. Leur valeur moyenne est
de 17 d. 56 c. la pièce (87 fr. 80). Soit un capital de 1,550,903 dollars (7,754,515 francs),
qui galopent, crinière au vent, dans la prairie.

XIV

Les champs pétrolifères.

Je suis venu en Wyoming porteur d'une
lettre affectueuse et pressante, pour un des
hommes qui ont été une des lumières du nais-
sant État.

Pourquoi faut-il que cette bienfaisante clarté
se soit si brusquement, si prématurément
éteinte ? En face de certaines disparitions, il
semble que l'on sente passer au-dessus de soi
cette incompréhensible malveillance pour l'effort souvent surhumain des hommes, que l'an-
tiquité païenne a nommé « l'envie des dieux ».

Le professeur W. C. Knight était, dans toute
la force du terme américain, un « self made-
man ». Né dans l'Illinois il n'avait point passé

" WYOMING " LE COW-PONEY OFFERT AU PRÉSIDENT ROOSEVELT
LORS DE SON VOYAGE AU WYOMING

par l'éducation de collège. Il était allé à l'étude de la géologie comme un enfant qui aurait apporté le don d'illustrer le marbre, met, d'instinct, ses doigts dans la glaise. Certes, il avait épuisé dans un travail acharné et isolé, les ressources de savoir qu'on peut tirer de la science des autres. Mais son livre de chevet, ce fut, jusqu'à la fin, la nature, la terre elle-même.

Pendant les années de sa vigoureuse jeunesse il avait battu le Wyoming à cheval, en tous sens. Il était descendu dans les vallées. On avait aperçu sa silhouette se détacher sur toutes les crêtes.

Il disait en riant :

— J'ai le Wyoming dans ma poche. Voulez-vous que je vous le déballe ?

Les cow-boys et les ranchmen l'estimaient comme un cavalier de mérite.

Les chasseurs de griselis disaient :

— Knight est un fusil.

Les gens de l'or et du cuivre, les foreurs de puits à pétrole, l'invoquaient au bout de leur prière, comme le saint de la corporation.

A la fin de sa vie, il recevait chaque jour

des quatre coins des États-Unis et de l'Europe une quarantaine de lettres de prospecteurs, d'ingénieurs, de capitalistes, qui lui confiaient leurs espérances, leurs résultats et leurs déceptions. On s'adressait à lui comme à un grand médecin consultant. On lui demandait de venir tâter le pouls des puits et des veines. En même temps, les Universités de l'Est lui faisaient les plus flatteuses propositions.

On répétait partout :

— Knight est le meilleur homme d'Amérique pour les fossiles...

Boston avait les yeux sur lui. Mais le professeur W. C. Knight ne se laissait ni tenter ni détourner. Il avait une âme d'enfant robuste et heureux. Il préférait la liberté et les chevauchées de son Wyoming aux honneurs que lui préparaient les Universités et la bonne société de l'Est. Il redoutait la cravate blanche et le formalisme de Boston. Il aimait mieux cheminer par les routes vides avec des compagnons de son choix qui le regardaient comme une espèce de magicien.

Il disait :

— Je n'existe que quand je sens la montagne sous mon talon.

Par exemple, dans cette liberté, il se sentait complètement heureux. Et comme il lui fallait dépenser dans le mouvement, dans le plein air, les forces de vie qu'il avait en surabondance, ce professeur, ce savant, aimait à rire, à danser, à conter des histoires. Il avait toute la journée sur sa selle une chanson aux lèvres.

Comme il ignorait les limites de ses forces, il peina au delà de toute sagesse pendant l'année 1902-1903. La société Belge-Américaine à laquelle il s'était associé lui donnait enfin les ressources dont il avait besoin pour explorer les champs pétrolifères du Wyoming. Il dressait pour elle la carte de l'huile. Il avait passé l'hiver à de hautes altitudes dans la neige et le froid.

Au mois de juillet 1903, il fut brusquement pris de péritonite. Une dépêche annonça en même temps à ses amis d'Europe sa maladie et sa mort. Il disparaissait à quarante-quatre ans, laissant une veuve toute jeune, quatre enfants très petits, une œuvre superbe ébauchée, au matin de la journée triomphale dont il avait hâté l'heure.

Quand je fis sa connaissance, W. C. Knight était le professeur officiel de géologie de l'État. Il avait sa résidence à l'Université de Laramie (comté d'Albany). C'était un homme taillé en vigueur comme le président Roosevelt, avec la poitrine bombée et ouverte d'un chasseur alpin. Son menton de volonté était surmonté d'une moustache en virgule qui cachait la bouche ; l'arcade sourcilière arrêtait brusquement la pente d'un front très haut et descendait, pour ainsi dire à pic, en coupe de terrasse, sur le nez, lui aussi droit et dessiné énergiquement. On sentait derrière cet homme un croisement de montagnard Écossais.

Il me demanda en riant :

— Êtes-vous un homme du pétrole ? Du cuivre, du charbon, ou de l'or ? J'ai tout cela sur moi.

Je répondis :

— Je suis un néophyte du pétrole. Vous êtes un de ses grands prêtres. Je suis venu en Wyoming tout exprès pour vous consulter.

La belle carte que le professeur a publiée depuis n'était pas encore gravée, mais il en avait toutes les minutes sous la main. Il les déploya devant mes yeux.

— C'est, me dit·il, un homme hardi dont le nom au moins est français, le capitaine Bonneville, qui a visité le premier les Montagnes Rocheuses du Wyoming. En 1832, il découvrit dans le voisinage de la Little-Popo-Agic-River, près de Lander, des puits de pétrole, que les indiens Shoshone visitaient, comme autrefois les Sénécas, afin d'en frotter leurs jarrets, de réconforter leurs douleurs et les membres de leurs chevaux. Pour le dire en passant, on vient de découvrir que le plus profond de ces puits fournira aisément, lorsqu'il sera en exploitation régulière, un débit de mille barils par jour, soit 163,000 litres. Plus tard on découvrit le pétrole dans toute la région qui nous entoure, dans l'Orégon, dans l'Utah, dans la Californie. Personne ne pouvait plus nier que l'Ouest ne fût aussi bien doué en huile que les États du littoral Atlantique.

« Bien entendu l'exploitation n'avait rien

d'industriel. On employait sur place l'huile merveilleusement épaisse que l'on avait captée, pour le graissage des voitures et pour d'autres usages domestiques. Enfin le coup de sifflet, de la locomotive de l'Union Pacific résonna à travers les comtés méridionaux du Wyoming. Dans le sud de notre comté d'Uinta, on creusa un tunnel à travers la roche pétrolifère. C'était aux environs de Milliard. On put commencer une petite exploitation sur place et vendre du pétrole aux mineurs de la contrée. Mais il n'y avait pas moyen de lutter contre la concurrence de l'Est.

« Toutes les aventures et les mésaventures des premières compagnies qui ont essayé de s'installer en ces temps-là, dans le Wyoming, sont liées à l'histoire des transports. Vous venez de voir que l'Union Pacific crée et tue en quelques années l'exploitation de Milliard. Une autre, plus importante, s'installe dans les Black-Hills le long de la Belle-Fourche-River. C'est un pays minier, où l'on peut trouver de la clientèle. Les affaires vont bien, mais voici que le chemin de fer *North-Western* arrive dans la région. Il apporte à vil prix les huiles de l'Est et l'exploitation des Black-Hills est détruite.

« Sur un autre point, le docteur Graff attaque le sol avec sa sonde. Il revient aux champs de Popo-Agie dans la banlieue de Lander. Quand il suspend ses opérations, en 1883, il a trois puits en batterie, qui produisent chacun 200 barils, soit 32.600 litres par jour. Lui, aucun chemin de fer ne l'atteint, c'est sa misère. Il est trop loin de toute gare, il ne peut songer à transporter son pétrole par chariot jusqu'à ce qu'il rencontre des rails. Et d'autre part, sa banlieue ne suffit pas pour consommer une pareille abondance.

« Mais l'expérience qu'il a faite est décisive. La fièvre de la prospection se déclare chez nous. La sonde attaque le sol de tous les côtés à la fois. En un an de temps, on voit des exploitations s'ouvrir à Beaver, sur les limites des comtés de Frémont et de Natrona ; à Dutton, à Rattlesnake, à Arago, à Oil-Mountain, à Powder-River, à Belle Fourche et dans le voisinage de Popo-Agie.

« C'est alors que la Pennsylvania Oil C° en-

tre en scène en 1889. Elle débute par l'acquisition des puits merveilleux de Salt-Creek, aux
limites du comté de Natrona et du comté de
Johnson. Depuis lors, Salt-Creek n'a cessé
d'être en exploitation. Les autres puits que
creuse la Pennsylvania donnent des résultats
également heureux. La nouvelle s'en répand.
Les demandes de concession affluent. Chaque
jour apporte sa découverte ; une des plus ré-
centes a été faite dans le Spring-Vally, par
l'Union Pacific. Il creusait un puits pour trouver de l'eau, il a rencontré le pétrole.

« Là-dessus, les Compagnies se mettent à
foisonner comme les puits. On est maintenant
en face de professionnels qui ont de l'expérience et qui disposent de capitaux importants.
Un champ magnifique est ouvert devant eux.
Je ne connais pas, dans ce Wyoming, moins
de 24 districts pétrolifères, indépendants les
uns des autres. Si jamais vous voulez entrer
dans le détail de la question,r je vous envoie
aux bulletins (n°s 1, 2, 3 et 4) publiés par
l'École des mines de l'Université de Laramie,
ainsi qu'aux articles que j'adresse, de temps en

VUE GÉNÉRALE DE LANDER

16

temps, à l'*Engineering and Mining Journal*. Mais je peux vous donner tout de suite, quelques idées générales sur la distribution de nos gisements pétrolifères.

« Jetez d'abord les yeux sur cette bande occidentale qui court du sud au nord de l'État. C'est le comté de Uinta. Il renferme les gisements de Milliard et de Spring-Valley dont je vous ai déjà dit un mot, puis ceux de Carter et de Twin-Creek. Milliard donne une huile de paraffine très lourde et très brune. A six milles au nord est situé le gisement de Carter. C'est là que, dans les premiers jours de la découverte, la fièvre de l'huile a été le plus violente; là que, dans des roches saturées d'une huile épaisse, on a creusé ce tunnel d'Aspen dont je vous ai déjà parlé.

« Carter produit, lui aussi, un pétrole lourd qui, après avoir été raffiné, fournira une excellente huile de graissage. Spring-Valley-Field est situé à trois milles du tunnel d'Aspen vers l'Est. Vous savez maintenant dans quelle circonstance les ouvriers de l'Union-Pacific l'ont découvert. Les pierres d'huiles retirées des

couches supérieures de ce puits ont donné
l'huile la plus légère qui ait été découverte dans
l'État. Après raffinerie, elle fournira, sans résidus appréciables, de la gazéoline et de la paraffine.

« A Twin-Creek on a découvert deux puits
à peu de distance de la voie ferrée, dite Orégon-
Short-Line.

« Passons maintenant au comté central de
Frémont.

« Parallèlement à la chaîne de Wind-River
s'étend, depuis le point dit Fort-Washakie dans
le nord jusqu'à une distance de 50 milles
(79 kilomètres), dans la direction du sud-est,
un pli de formation secondaire. Ce pli est connu
sous le nom de gisements pétrolifères de Shoshone, de Lander et de Popo-Agie.

« Le gisement de Shoshone est, comme vous
le voyez, le plus septentrional ; celui de Popo-
Agie le plus méridional. Lander se trouve au
centre du pli. L'huile de Popo-Agie est lourde.
Elle fournit à la raffinerie de la gazéoline, des
huiles de graissage et de l'asphalte. Cinq puits
la font monter à la surface du sol. Ils peuvent.

rendre, quand on le voudra, 2,000 barils, soit 32.600 litres par jour.

« Comme vous le voyez, les gisements de Lander et de Shoshone se trouvent encore sur les confins de la Réserve indienne, mais c'est un état de choses qui va finir. Et alors, on sera en face d'un des dépôts les plus importants du pays, on trouvera là l'huile par quantités immenses. Je ne crains pas d'être démenti par le fait.

« Maintenant portez un peu, s'il vous plaît, votre doigt sur la carte dans la direction de l'Est. A 35 milles (environ 55 kilomètres) de Lander, arrêtez-vous au point où vous lisez le mot Sand-Hills. Là encore, le pétrole se manifeste. C'est le gisement de Beaver.

« Continuons notre route vers la droite.

« Le gisement de Duton est installé à peu près sur la ligne de séparation des comtés de Frémont et de Natrona. C'est à environ 10 milles au sud-est d'Ervay qu'il faudrait donner le coup de sonde. J'ai reconnu ici d'épaisses couches de roches toutes saturées de pétrole.

Elles affleurent le sol, et ici, là, se produisent des émanations de gaz naturel.

« Quant au comté de Natrona, il est un des plus riches du pays. Je n'y relève pas moins de six gisements pétrolifères en comptant cette zone de Duton dont je viens de vous parler. L'important gisement de Rattlesnake occupe la pente nord-est et la partie nord-ouest des montagnes du même nom. L'huile que l'on recueille dans la zone inférieure de ce bassin est la plus lourde que l'on ait découverte dans le Wyoming, et peut-être en aucun lieu du monde. Les couches supérieures fournissent un pétrole beaucoup plus léger. Il sera excellent pour le graissage.

« Mais la perle de ce comté de Natrona c'est, au nord de Casper, le gisement de Salt-Creek. Nous devons, nous autres Wyomingois, lui être reconnaissants, car c'est lui qui a fait la réputation des pétroles de notre État. Il a été la première base sérieuse d'une exploitation commerciale. Voilà des années que l'on apporte l'huile de Salt-Creek à Casper, pour la raffiner. Cette exploitation toute primitive

qu'elle est donne d'honorables bénéfices; tenez... »

Et le professeur Knight se leva pour atteindre
dans une vitrine un flacon plein d'un liquide
opaque et lourd.

— Si peu connaisseur que vous soyez, dit-il,
en matière d'huile brute, vous ne pouvez pas
ne pas être charmé par la simple vue de ce liquide verdâtre. Cela sort du puits de Salt-
Creek ! C'est de l'élixir d'huile à graisser, ni
plus ni moins ! Toutes les supériorités connues
du pétrole sont enfermées dans ce liquide-là !

J'avais sur les lèvres une prière prête à
jaillir. J'hésitais toutefois à la formuler, car,
— je le sais d'expérience — dès qu'on entre
avec un cheval entre les genoux dans les merveilleuses solitudes, où le chemin de fer n'a
pas encore pénétré, on sait quel jour on se
met en route, mais on ne peut prévoir quel
autre jour vous verra rentrer au bercail. Et mes
heures de loisir étaient comptées.

Je me décidai pourtant et je demandai :

— C'est bien loin de Casper, ce puits de
Salt-Creek qui produit cette belle huile verte ?

— Pour vous qui avez l'habitude des étapes d'Afrique, c'est l'affaire d'une journée de cheval.

— Et vous m'accompagneriez, cher docteur ?

Le professeur Knight répondit avec vivacité :

— Écoutez ! Vous m'avez parlé de chasse à l'élan. La saison n'est pas propice pour courir les Montagnes Rocheuses après ces compagnons-là. Il faudra que vous veniez me retrouver en temps de vacances. Si vous disposez aujourd'hui de quelques jours de congé et si, vraiment, vous vous sentez de l'affection pour notre Wyoming, vous avez mieux à faire. Il faut absolument que vous montiez jusqu'à Salt-Creek. C'est par ce puits-là que l'âme souterraine de notre Wyoming respire. Salt-Creek c'est l'œil, la perle du Wyoming, voyez-vous ! Non ! pas la perle ! l'émeraude ! le joyau royal, l'orgueil de notre couronne. Vous avez certainement souri, quelquefois, en entendant les gens d'ici dire que leurs moutons, leurs bœufs, leur or, leurs lois, leurs écoles, leurs femmes, même leur géologue d'État, étaient

« les meilleurs du monde ». Tout cela n'est peut-être pas rigoureusement exact. Mais je vous affirme, et je m'y connais, que l'huile de Salt-Creek est la première huile du monde. On trouvera peut-être un jour un pétrole qui l'égale. Je mets ma main dans la gueule d'un griselis que l'on n'en produira pas qui la dépasse. Comme je voudrais vous conduire jusqu'à Salt-Creek! Mais nous sommes, vous le savez, en pleine période scolaire. Je suis professeur à l'Université de Laramie, je me dois à mes élèves. Ils ne me donneraient pas congé. Je me charge par exemple de vous procurer un ou deux compagnons de voyage, dont vous me ferez des compliments...

— Et qui... donc?...

— L'un d'eux est un attorney de Chicago, M. J. Lobell. Il bat le Wyoming en tous sens, pour passer des contrats avec les propriétaires de puits, les compagnies de transport, les autorités locales. Il est administrateur délégué de la Société Belgo-Américaine, pour le compte de laquelle je prospecte moi-même. M. J. Lobell est sûrement Français par ses aïeux. Son nom ne l'indiquerait pas que vous vous en aviseriez en le voyant.

— Et qui sera mon autre guide ?

Le professeur Knight rit de tout son cœur :

— Vous voulez savoir à qui je vais vous confier ? A mon camarade Cy Iba. Ce nom-là ne vous dit rien ? Personne ne vous a parlé de Cy Iba à Cheyenne ? Eh bien ! Attendez seulement d'être à Casper, et alors dites bien haut : « Le professeur Knight de Laramie m'a recommandé à Cy Iba ». Vous verrez ce que les gens vous répondront (1).

(1) Le professeur Knight, dans la dernière année de sa vie, donna tout son temps, toute son attention, à la reconnaissance et à la première mise en valeur du territoire dit du « Dôme » qu'on a baptisé de son nom. Il s'agit d'un gisement pétrolifère qui donne les plus grandes espérances. Il est situé dans le comté de Sweetwater, à 40 milles (63 k.) au nord et à l'est de la ville de Green-River, chef-lieu du district. La propriété a une étendue considérable. Le « Dôme » est situé au milieu d'un désert, à 7,000 pieds (2,330 mètres d'altitude). La situation de ce vaste dôme, au cœur d'un bassin de roches crétacées, avait séduit le professeur Knight. Et aussi bien le pétrole se manifeste-t-il tout autour de cette voûte.

Le professeur de l'Université de Laramie a prédit que « l'huile sortirait probablement en gros flots, qu'elle serait légère, et de qualité excellente. » Il ajoutait qu'il faudrait sans doute forer à 3,000 pieds de profondeur, que le terrain serait favorable, que l'on se trouverait sans doute en face de trois horizons de pétrole. Le droit de propriété a été acquis par le Professeur Knight lui-même. Il en a fait cession à la Société Belgo-Américaine. A la fin de 1903, plusieurs puits étaient en état de forage.

UN HÔTEL AU WYOMING

XV

Les fêtes de la frontière.

La dernière soirée que j'ai passée à Cheyenne
a été charmante.

Je soupçonne les gens de Denver d'être
quelque peu « orangistes ». C'est une nuance
de puritanisme qui sévit encore ailleurs. J'ai
pu l'examiner à la loupe, par exemple à Toronto.
Certes, cette intensité de la culture intérieure
donne parfois de la valeur à la personnalité des
individus ; elle rend, par contre, les rapports
sociaux un peu difficiles. Elle aboutit en
somme à de la contrainte, à de la tristesse extérieure, à un formidable ennui. Ce n'est pas
moi qui l'ai dit le premier : cet ennui-là est
assez souvent le père de quelques défauts.

A Cheyenne pas une trace de contrainte ni d'hypocrisie. Chacun y tient à honneur de se montrer tel qu'il est. On développe son tempérament tout entier et en tous sens. On n'a pas d'inquiétude à passer par-dessus le mur du voisin, ni à pousser ses branches du côté où vient la lumière.

Ici, comme partout dans l'Ouest, les femmes ont une situation exceptionnelle. Si l'on faisait les comptes exacts de la population, on découvrirait qu'elles sont en minorité. Mettons que le Wyoming soit, comme les Wyomingois le prétendent, un paradis terrestre. L'ordre biblique de la création, c'est l'apparition sur la terre d'un homme isolé, dans toute la vigueur de la jeunesse. A lui de livrer seul contre la nature les combats, toujours rudes, du début. Il n'a pas le temps de s'occuper d'une femme, de ménager cette faiblesse, ni de s'embarrasser d'enfants. Il faut que sa vie de conducteur de bœufs, de prospecteur, cesse d'être errante, il faut que les camps aient pris forme de villages, les villages, figure de petites cités, pour que l'homme s'avise qu'il aimerait voir une femme à ses côtés. Ainsi en usent nos humbles frères de la série animale. Ils songent à propager la vie seulement lorsque les conditions de l'existence individuelle sont devenues assez satisfaisantes pour que le Génie de la Race se préoccupe sans folie de perpétuer son type.

Les premières femmes qui sont venues tenir compagnie aux mineurs et aux cow-boys du Wyoming ont été, bien entendu, accueillies comme des reines. Elles étaient libres de leurs choix. D'instinct et par raison elles ont incliné vers les plus forts. Dans un pays où il n'y a pas encore de lois il faut que l'homme fasse avec sa poitrine un mur à sa maison. Mais comme l'argent est venu tout de suite, ces femmes ont eu pour s'affiner et pour s'instruire un loisir qui manquait à l'homme. Il a été surpris ce père, ce frère, ce mari de trouver dans la conversation des femmes des phrases, des pensées, qui sentaient le livre et qui étaient des miettes de tradition.

Alors, il leur a fait dans sa vie sociale et politique une place de choix. L'égalité des sexes, sinon sur le chapitre de la force physique du

moins dans le domaine des supériorités intel-
lectuelles, est un principe avec lequel on ne
badine pas au Wyoming. La femme y a le droit
de vote. Elle use de son privilège d'une façon
qui l'honore. Les Wyomingois l'affirment et
je les en crois volontiers.

J'ai touché ici, une fois de plus, combien
l'homme civilisé répugne à vivre seulement
dans le présent. Il faut, pour être heureux, qu'il
ajoute à son gain de chaque jour les richesses
du souvenir et de l'espérance. Ce que sont les
espoirs des Wyomingois, je l'ai dit. L'horizon
s'étend pour eux au delà des limites de la vue;
mais ils ont encore besoin d'un passé, d'une
tradition. Ils sentent que s'ils veulent cesser
d'être un « total » de population pour devenir
une société, un État, il faut qu'ils possèdent en
commun l'inestimable trésor de quelques souvenirs.

Or, qu'est-ce qu'il aperçoit derrière lui, le
jeune Wyoming, quand il se retourne vers son
passé?

Sur le tapis de la prairie la lutte des premiers
pionniers contre les Indiens.

Les conflits des premiers aventuriers qui osèrent parcourir ce territoire.

Le duel de l'homme avec les bêtes sauvages ou à demi domestiquées, buffles, taureaux, chevaux.

Les Indiens sont de plus en plus étroitement refoulés, chaque année, dans ce que l'on nomme le Territoire de Wind River ou le « Shoshone-Indian-Reservation ». Et il n'y a pas de doute que le désir de mettre en valeur les incomparables richesses pétrolifères des gisements d'Henderson, de Lander et de Shoshone hâtera l'heure de leur définitive expropriation.

Les « tramps », les voleurs de chevaux, de bestiaux, les coupeurs de routes, n'ont pas tout à fait disparu du pays. On l'a vu par l'aventure du jeune Écossais que martyrisa Cy Iba.

Il ne faut pas s'étonner démesurément que les dormeurs des quartiers isolés de Cheyenne — je ne parle pas de cette Capital-Avenue sur laquelle notre hôtel est en bordure — soient quelquefois réveillés en sursaut, au milieu de la nuit, par des détonations de revolver. Paris a ses « Apaches » qui ne se gênent pas pour pratiquer l'attaque nocturne sous les yeux des gardiens de la paix.

D'autre part, les taureaux de race Heretford, que M. Brooks sélectionne avec tant de soin, commencent à comprendre que leurs papiers en règle leur font une figure de citoyens américains.

Il n'y a pas jusqu'à la race entière des cow-ponys qui ne se soient sentis honorés et engagés à professer des mœurs plus douces, quand ils ont vu le président Roosevelt rendre le salut à l'agenouillement du poney «Wyoming».

Dans ces conditions d'évolution à la vapeur, les habitants de Cheyenne ont pensé que la minute était venue de fixer avant qu'il s'efface le souvenir des heures héroïques de la première colonisation. Afin de perpétuer cette légende, on a décidé de donner, sur la fin du mois d'août de cette présente année, des fêtes d'un caractère historique, pittoresque, cynégétique, guerrier et équestre, qui auront pour étiquette « Fêtes des Jours de la Frontière ».

Toute la soirée j'ai entendu parler de ce

projet grandiose et commenter un programme dont les numéros sont à l'avance passionnément discutés.

On se rendra à Cheyenne des quatre coins du Wyoming, des quatre coins des États-Unis, disent mes hôtes. On compte sur la visite de quinze mille curieux pour le moins. On les verra arriver à cheval, en buggys, en voitures-wagons, en « américaines », en automobiles. Toutes ces personnes arboreront pour l'occasion les couleurs de la Frontière, qui sont le jaune et le noir.

Pendant la durée des fêtes les rues de la ville seront, de jour comme de nuit, transformées en salles de bal. On fait déjà des provisions de bouteilles pour rafraîchir les musiciens qui ne s'interrompront pas de jouer.

Et tout le reste sera à l'avenant. Il y aura une course de dames, les cow-girls, à califourchon sur des bêtes de choix, avec un grand numéro peint dans le dos.

Il y aura, comme à Rome, au temps de la vogue des « Barberi », une course de chevaux sauvages et libres.

Les jeux comporteront une poursuite à cheval de bœufs sauvages. Les cow-boys leur jetteront le « lasso » pour les faire trébucher ; ensuite ils se précipiteront sur eux afin de les ligotter, avant que les bêtes culbutées aient eu le temps de se reconnaître et de se débarrasser de leurs liens. Cet exercice comporte comme couronnement la danse de victoire de l'homme, sur le ventre du taureau, après le succès définitif de son exploit.

On m'apprend, à ce propos, que les cow-boys du Wyoming sont très surexcités. Ils viennent d'apprendre en effet qu'un certain W. H. Finch, du Colorado, qui porte orgueilleusement le titre de « Record de l'Univers », se propose de venir à Cheyenne leur disputer le laurier. Ce robuste garçon lance le lasso, fait tomber le taureau, saute à bas de son cheval, et ligote sa victime, *en cinquante-cinq secondes.*

Il y aura, naturellement, une séance de dressage des chevaux sauvages. Elle sera pour les connaisseurs un des attraits de la journée. On ne me cache pas que les exercices qui ont

LE DERRICK Nᵒ 12 A LANDER,
QUI PRODUIT 400 BARILS DE PÉTROLE PAR JOUR

18

été promenés à travers l'Europe par Buffalo-Bill et par les dresseurs du cirque Barnum étaient du « chiqué » à côté des duels épiques qui se préparent.

Mais le numéro sensationnel des fêtes de la frontière sera « l'attaque du Mail-Coach de la Poste » par un parti d'Indiens Shoshones, — des vrais Shoshones — amenés tout exprès de la Réserve. Les chefs sont déjà en train de lisser les plumes qui les coiffent comme des mitres. Ils entraînent leurs chevaux pies afin de paraître avec l'éclat convenable dans une si belle cérémonie.

L'action militaire sera d'ailleurs précédée de danses et de chants de guerre. Enfin on montera à cheval pour enlever le courrier, qui sera défendu, et finalement sauvé, par l'intervention d'un escadron de cow-boys.

Une magnifique revue dans laquelle défileront les artilleurs de Fort-Roussell, un des points les plus fortifiés de l'Ouest, clora la cérémonie.

On m'a dit :

— Bien entendu, vous ne quitterez pas

l'Amérique avant d'avoir assisté à ces fêtes? Jamais le monde n'aura rien vu de pareil.

J'ai promis que je viendrais aux fêtes de Cheyenne pour en rendre compte si l'on me promettait seulement de me réserver une place dans le Mail-Coach de la Poste. Et j'ai opiné du bonnet, avec toute la gravité convenable, quand l'un des organisateurs a conclu :

— Il n'y a que « l'Ouest » qui puisse donner des fêtes semblables (1).

(1) Les fêtes de la frontière ont eu lieu en effet le 27 et le 28 août 1902. Elles ont eu un succès si vif que l'on a résolu de les recommencer tous les trois ans. Le *Cheyenne Daily Leader* en a publié un récit auquel j'emprunte des illustrations.

XVI

Une soirée à Casper.

De Cheyenne à Casper, la route est par Weat-
land et Douglas. C'est le Northen-Railway qui
me transporte.

On traverse la rivière de Laramie et la
rivière Platte. A Orin-junction, on rencontre la
voie ferrée qui relie le Wyoming au territoire
des Sioux (Nebraska).

Le pays tout entier est adonné à la vie agri-
cole. On y pousse à la culture de la betterave.
On y élève des troupeaux innombrables. Je
les aperçois à perte de vue, des deux côtés de
la voie. Ils paissent l'herbe, dans ce paysage sans
arbres, qui, si souvent, donne à la prairie amé
ricaine l'aspect monotone d'une mer au calme.

Le charme de Douglas, ce sont ses hautes futaies. Si l'on songe que l'entière population du comté de Converse, dont Douglas est la capitale, ne compte pas 3,500 habitants, il y a lieu de faire crédit aux citoyens de cette petite cité de l'Ouest, de l'admiration qu'ils professent tout les premiers pour les résultats de leurs efforts.

Que l'on soit en Norvège ou dans l'Ouest américain, la première préoccupation de l'homme isolé est de multiplier les fils du télégraphe et du téléphone qui le mettront en relation avec le reste du monde, ou, plus simplement, avec sa banlieue. Les riches « barons de la laine » — c'est le titre qu'ils s'attribuent eux-mêmes — qui se sont bâti, dans des jardins bien soignés, de Douglas, d'agréables maisons de bois en style anglo-colonial, sont tous reliés par ledit fil téléphonique avec leur ranchs de la campagne. Ils se donnent, d'autre part, l'illusion agréable d'une civilisation très avancée en multipliant les ampoules électriques à l'intérieur de leurs « homes ».

La dominante de l'esprit public c'est le goût

de « faire quelque chose pour Douglas ». Comme l'espace ne manquait point, les rues bordées d'arbres vous ont des ampleurs d'avenues. Elles ressemblent à des pistes entretenues plus exactement qu'à nos routes pavées ou si supérieurement battues. D'ailleurs, personne ici ne risque jamais le pied dans les lacs de boue qui, en hiver, coupent les voies les plus fréquentées, non seulement dans l'Ouest, mais ici, là, dans les plus grandes cités de l'Est, New-York ou Chicago. On circule, à Douglas, sur ces petits trottoirs de bois, si sonores sous le pied rapide des enfants et des jeunes femmes, que l'herbe, à droite et à gauche, borde de son tapis vert.

J'ai causé dans le train avec une jeune fille de Douglas. Elle venait de visiter le Ranch paternel et rentrait à la ville.

Elle m'a demandé :

— Avez-vous entendu parler de la salle de bal d'Unity-Temple?

Naturellement j'ai répondu que oui.

Elle a ajouté sérieusement :

— C'est une des plus belles salles de bal de l'Ouest.

D'autre part, elle n'était pas bien certaine que le magnifique « building » connu sous le nom de l'Unity-Temple de Douglas ne fût pas plus élevé que le pic de Laramie que nous avions admiré à l'horizon.

Elle était d'ailleurs très renseignée sur toutes les richesses qui sont la fierté et l'espérance de son comté, sur les exploitations de cuivre, de pétrole, de gaz naturel, sur les fabriques de briques, sur la vie des grands troupeaux de moutons, vagues écumantes de cet océan de verdure.

Elle déclara :

— C'est dommage que vous n'ayez pas le temps de vous arrêter à Douglas! Mes parents vous auraient reçu avec plaisir. Ils vous auraient conduit chez M. C. Barrow, propriétaire du *Douglas-Buget*. C'est un homme très supérieur que M. C. Barrow. Il vous aurait donné l'envie de vous fixer dans ce pays-ci.

J'avais quitté Cheyenne aux environs de sept heures du matin. J'ai débarqué à Casper sur le coup de neuf heures du soir. Je n'ai fait qu'un saut à l'*Hôtel-Grand-Central*. J'étais assuré d'y rencontrer l'excellent compagnon de route pour lequel le professeur Knight m'a donné une lettre pressante.

M. Joseph H. Lobell est avocat de sa profession, et, comme nous disons en France, il est inscrit au Bureau de Chicago.. Mais il a beaucoup d'autres domiciles encore : un à Cheyenne, un à Bruxelles, un à Paris, un à Londres, sans compter sa tente, son buggey, sa voiture-wagon, et, d'une façon générale, toutes les vallées et tous les hauts plateaux du Wyoming.

Il est renseigné sur son origine française, et certainement on serait disposé, dès la première vue, à s'adresser à lui dans la langue de chez nous. Pas une apparence de sang anglo-saxon ou germanique dans ses veines. Selon l'étiquette que nous prenons tous pour ce qu'elle vaut, celui-ci est un Latin. Latin dans son goût pour les idées générales, ce qui est aux Etats-Unis un véritable accident. Latin par la qualité de sa bonne humeur. Latin dans son corps, où les muscles, les ressorts qui donnent de la grâce vigoureuse à l'allure, ont plus d'importance que le squelette. Latin dans le ton doré de sa peau, dans l'ondulation de ses cheveux supérieurement noirs, qui commencent, ici, là, à blanchir. Latin dans ses moustaches, qu'il porte cirées, à la mode de Napoléon III. Coiffez cette belle figure régulière d'un chapeau gris à larges bords, chaussez l'homme de hautes bottes à l'écuyère en cuir souple ; faites-lui rouler entre les doigts un éternel cigare, noir par un bout, rouge par l'autre, et vous aurez devant vous un exemplaire typique de la qualité d'homme que peut donner en deux ou trois générations une bouture française acclimatée en Amérique.

Le père de M. J. H. Lobell était un Louisianais. Il a pris une part active dans la guerre de Sécession. Il était un adversaire décidé des idées qui ont triomphé avec la victoire du Nord. Il ne semble pas que son fils, mon nouvel ami, soit beaucoup plus disposé que feu son père à apercevoir dans le nègre un citoyen américain et son égal.

Ce ne sont pas seulement les plantes qui

M. LOBELL ET CY IBA DANS LA SALLE A MANGER
DE L'HÔTEL MÉTROPOLE

se développent vite en Louisiane, mais les hommes. M. J. H. Lobell s'est marié à dix-huit ans. Sa femme en avait seize. Il approche aujourd'hui de ses quarante-cinq ans. Il a un fils qui va sur ses vingt-six ans.

Cet homme énergique a associé ses efforts à ceux de M. Knight. A mesure que le professeur de Laramie découvre des gisements d'huile, l'attorney de Chicago passe des contrats, au nom de la Société Belgo-Américaine des pétroles du Wyoming, dont il est administrateur, avec les propriétaires du sol et avec les autorités de l'État.

Il est entendu que dès demain matin nous monterons à cheval, pour aller coucher à Salt-Creek. Nous aurons pour compagnon ce fameux Cy Iba dont m'a parlé le professeur Knight.

M. Lobell aurait voulu me présenter notre guide ce soir même ; mais l'on n'a pas réussi à mettre la main sur cet original.

En son absence, on me conte sa légende.

Cy Iba va sur soixante-dix ans ; c'est-à-dire que sa vie est notoirement plus longue que l'existence historique du Wyoming. Il semble pourtant que celui-ci soit né citoyen américain de parents nés en Amérique, ce qui est beaucoup plus rare qu'on ne l'imagine de l'autre côté de l'Océan. Il date du temps des trappeurs. On dit ici :

— Cy Iba a toujours été un homme de la frontière.

Cela signifie que depuis son enfance il a marché avec une avance appropriée à son tempérament sur les juges, les potences, les clergymen, les églises et les écoles, du côté où le revolver et le winchester font encore la loi.

Cy Iba connaît le pays comme son mouchoir. Pour lui chaque pierre a un nom, chaque buisson est un repaire. On pourrait citer à son actif quelques actes de bienveillance ; mais son fond est l'ironie. Il excelle à organiser une expédition et à jouer des farces — des farces dans le goût de l'Ouest, des farces un peu grosses, où la violence joue nécessairement un rôle.

— On parle encore à Casper, me dit M. Lobell, d'un tour que Cy Iba a joué, l'an dernier, à un jeune Écossais de passage chez nous. On avait signalé ce fils de famille comme un garçon dont la bourse était bien garnie mais qui faisait le dédaigneux. Rien ne lui plaisait de ce que l'on avait à lui offrir, ni le lit de l'hôtel ni la cuisine. Les gens de Casper commençaient à regarder ce délicat de biais. N'avait-il pas renoncé à la chasse sous prétexte qu'elle se présentait dans des conditions trop rudes ? On décida de se divertir aux dépens d'un tel poltron.

« Vous avez déjà pu le constater, dans l'Ouest l'organisation des polices est rudimentaire. Pas de municipaux, pas de policemen. On n'a même pas la ressource de s'adresser, comme chez vous, à la caserne et aux soldats qui sont dedans quand les affaires se gâtent. Dieu sait pourtant que les occasions de défendre son droit contre ceux qui le méconnaissent ne manquent pas dans l'Ouest. Nous avons en particulier à lutter, presque continuellement, contre les voleurs de bestiaux. On leur fait dans la prairie une véritable guerre. Ils se défendent avec acharnement, car, ils le savent bien, la potence est au bout de leur aventure. Mais comme on n'a pas ici de goût pour les longues procédures, pour ce qui fait perdre du temps à tout le monde, on ne tient pas à ramener ces coquins prisonniers. On répond à leurs coups de feu par des coups de feu. Si l'on place bien son plomb, on enterre les morts sur la place même où ils sont tombés.

« Voici donc comment les choses se passent à l'ordinaire.

« Les propriétaires qui ont été volés accourent en hâte à la ville. Ils vont se plaindre au « Sheriff ». Ce magistrat juge d'après leur récit quel est le nombre de fusils qu'il lui faut mobiliser pour cerner les voleurs et les détruire. Il désigne des citoyens quelconques de la ville, vous, moi, n'importe qui, à tour de rôle, à son choix. Il vous envoie l'ordre de prendre votre fusil et de monter à cheval, toute autre affaire cessante. Il ne s'agit pas de résister! La loi n'est pas tendre pour ceux qui essaient de se soustraire à l'appel du Sheriff. Et d'ailleurs, l'opinion publique metterait au banc un homme qui aurait eu peur d'aller au-devant des coups de feu que l'on tire sur la prairie. Vous autres, dans le vieux monde, vous êtes surpris par un tel usage. Mais vous avez le service militaire qui est obligatoire? on ne vous demande pas davantage si vous avez l'esprit militaire avant de vous expédier sur la frontière le jour où le canon tonne.

« L'Écossais dont je vous parle s'était couché fort douillettement, après un excellent dîner. Vers onze du soir, il est réveillé en sursaut par des coups de poing frappés dans la porte de sa chambre. Il saute du lit, et, sans ouvrir, demande sur le ton d'un homme qui n'a pas le réveil gracieux :

— Que me veut-on? Qu'est-ce qui se passe? Il y a le feu?

— Non... Ouvrez!

— Je n'ouvrirai pas.

— C'est le Sheriff.

— Qu'est-ce qu'il me veut le Sheriff?

— On a volé des chevaux sur le ranch de M. Taylor.

— Cela m'est parfaitement égal.

— On ne vous demande pas vos impressions. Vous êtes réquisitionné. Vous devez monter immédiatement à cheval, vous armer, vous joindre à la troupe qui va courir à la poursuite des voleurs.

— Zut!

— Au nom de la loi.

— Je me moque des usages du Wyoming. Je n'ai pas à leur obéir... Je ne suis pas un citoyen américain... Je suis citoyen anglais. Je me plaindrai à mon gouvernement...

— Vous ne voulez pas ouvrir?... Non?... Eh bien, une! deux! trois! »

« Un craquement se fait entendre et la porte vole en éclats.

« En une seconde, la chambre est envahie. On entoure le lit. Le malheureux Écossais contemple avec des yeux effarés ces hommes armés, dont l'aspect n'est rien moins que rassurant. Il se demande si ce ne sont pas les voleurs de bestiaux eux-mêmes qui viennent de faire irruption dans le Central Hotel et de monter dans sa chambre.

Cependant on le somme encore d'obéir :

— Voulez-vous vous lever?

— Non!

— Levez-le.

— Voulez-vous vous habiller?

— Non.

— Habillez-le.

— Voulez-vous descendre l'escalier de bonne volonté?

— Non!... non!.

— Très bien. Emportez-le.

— Voulez-vous maintenant monter à cheval?

— Non! non! non!...

— Parfaitement. Ficelez-le sur la selle, mettez-le au milieu du peloton et... au galop!

Au bout d'une demi-heure de galopade, dans la nuit noire, l'Écossais sanglotait, il criait :

— Arrêtez! par pitié, détachez-moi! Je n'en puis plus.

On stoppa et le personnage qui commandait à la troupe — évidemment le Sheriff en personne — demanda :

— Qu'est-ce qu'il y a encore, mon garçon? Vous n'avez pas de goût pour l'équitation?

L'autre hurlait :

— Mon bon Sheriff ! je ne me plaindrai pas !
Je paierai mon remplaçant ! Je le paierai le
prix qu'il me demandera, et je vous bénirai
par-dessus le marché, mon bon Sheriff ! Mais
je vous en supplie, renvoyez-moi à Casper.

Le Sheriff consulta la troupe :

— La nuit, dit-il enfin, est bien noire. Ces
gentlemen estiment que l'on peut remettre
notre expédition au petit jour. Et puis ce sont
de braves garçons. Vous êtes étranger, ils dési-
rent que vous conserviez un bon souvenir du
pays. Mais il faut que vous répondiez à leur
politesse par une autre gracieuseté. Vous allez
prendre l'engagement de leur offrir, en ren-
trant à Casper, deux bouteilles de vin par tête.

— Trois, s'ils veulent ! murmura le cavalier
qui était à bout de souffle.

Les chevaux rentrèrent à Casper, au train
d'un express.

A minuit et demi, on était attablé devant une
soixantaine de bouteilles. Elles furent promptement expédiées. Alors seulement, l'Écossais
eut la permission de les payer et de regagner
son lit.

LES REMISES DE LA-BAINE A CASPER

Le lendemain matin, il prenait le premier train pour Cheyenne et Denver.

Au dernier moment il vit apparaître le Shériff sur le quai du chemin de fer. Le pauvre garçon sentait son cœur se serrer. Tout de même il voulut faire bonne contenance, et, se penchant par-dessus l'appui de la plate-forme du wagon, il prononça :

— Vous? monsieur le Shériff? Vous avez voulu me dire adieu? Comme c'est aimable de votre part!

L'homme interpellé prit la main qu'on lui tendait. Il la secoua vigoureusement, à l'américaine. Déjà le train s'ébranlait, tout de même il eut le temps de dire :

— Ne m'appelez pas monsieur le Shériff, mon jeune ami. Je ne suis pas plus Shériff que vous. Je me nomme Cy. Iba... Cy. Iba, pour vous servir... Vous dites que ma plaisanterie était mauvaise?... Ingrat! En tout cas votre vin était excellent... Au revoir.

Je me divertis de tout mon cœur de l'aventure de l'Écossais; mais je ne pus m'empêcher de demander à M. Lobell :

— Êtes-vous bien sûr, cher Monsieur, que le Shériff ne recrutera personne ce soir, pour aller battre la prairie?

M. Lobell rit et me dit :

— Dormez sur les deux oreilles. Vous êtes ici l'hôte du professeur Knight, de la cité de Casper, du Wyoming tout entier. Cy. Iba le sait. S'il n'est pas venu vous serrer la main ce soir, c'est qu'il est occupé à quelques conjurations favorables qui nous feront demain la route plus aisée.

XVII

La route de Salt Creek.

Ce matin à six heures il y avait devant la
porte de l'hôtel Grand-Central, un petit groupe
de trois chevaux bien établis sur leur devant,
et qui, s'ils ne présentent pas au connaisseur la
perfection de forme que le président Roosevelt
admira dans son « Wyoming », méritent tout
de même qu'on leur sourie. C'est râblé, près
de terre, avec un large poitrail, des épaules
bien logées, un rein solide.

Je fais en même temps la connaissance de
Cy. Iba.

Ce vieux est encore droit et alerte. Ses
muscles font saillir l'étoffe de son vêtement
aux places du jarret et de l'épaule. Il est coiffé

d'un petit chapeau de feutre mou, dont les bords étroits jettent de l'ombre sur ses yeux malins. Il y a toujours un coup de poing dans ce chapeau-là. La barbe blanche est portée un peu hirsute comme en usait Victor Hugo à la fin de sa vie. Et vraiment ces deux hommes se ressemblent. Il y a, chez l'un comme chez l'autre, la même expression de vie intense, persistant au delà des limites de l'activité de l'homme. Même négligence dans la tenue. Cy. Iba noue sa cravate avec soin, mais il est d'ordinaire assez mal boutonné. L'expression dernière de son visage, toute son allure, indiquent un citoyen qui n'a jamais eu peur de rien, pas plus de la mort que d'une bouteille de wiskey. Nous sommes tout de suite bons amis. Je lui ai montré parmi les grigris suspendus à ma chaîne de montre, la petite étoile à six pointes que Ménélick donne au chasseur qui a tué l'éléphant ou cinquante ennemis. Cy. Iba n'a pas bronché. On raconte dans l'Ouest des aventures de chasse si merveilleuses, qu'il est prêt à entendre sans sourciller toutes les miennes. Vous connaissez l'histoire du Marseillais qui avait tué trois lions en trois coups de feu? Au moment où le quatrième lion se présente, et où, pour la quatrième fois, le narrateur déclare :

— Ze le mets en joue...

Il jette un coup d'œil un peu craintif sur son interlocuteur. Il juge sainement son état d'âme, et conclut en conséquence avec une nuance de chagrin :

— Mais celui-là, ze le rate...

— Tu as bien fait de le rater! s'écrie l'autre Marius, car si ce quatrième lion-là tu l'avais tué avec les autres, moi qui t'écoute, entends-tu bien, ze t'aurais logé mon pied quelque part!

De Casper à Salt Greek il court 50 milles. Nous sommes à peu près à 5,200 pieds en l'air. L'aspect est, en somme, celui du haut plateau algérien. Même profusion de cactus; le « sage-brush » remplace ici le « drinn ». Les bandes sablonneuses alternent avec le tapis plein d'accrocs des verdures rudes. L'horizon est assez restreint, car ce plateau ondule conti-nuellement, comme les médiocres collines qui le cernent, le chevauchent, le coupent, tantôt

tout à fait pelées, tantôt à moitié habillées de
rudes verdures, tantôt mouvantes et souples
comme des échines de bêtes en marche, tantôt
arrêtées court, finissant sur le fond de ciel,
avec des profils de falaises qui s'écrouleraient
dans la mer.

La piste est ce que le temps l'a faite, pou-
dreuse l'été, boueuse l'hiver, toujours défon-
cée, toujours incertaine, entretenue seulement
par les sabots des chevaux, par les roues des
chariots pesants qui transportent les barils
d'huile de Salt Creek à Casper.

Evidemment, il convient d'avoir l'âme pétrie
d'une certaine façon pour jouir de la beauté
toute particulière de ces paysages. J'y aime
l'absence de l'homme qui, ailleurs, prend trop
de place, qui s'imagine avoir tout conquis
parce que le spectacle de ce qu'il a créé lui
masque la vue de ce qui est. Ici, ce n'est même
pas la terre qui intéresse, elle n'est plus qu'un
soutien au sabot du cheval, à la rêverie du cavalier. Toute l'importance est rendue à la
lumière, à la notion illimitée de l'Espace. Selon
le tempérament du voyageur, une telle leçon

de choses accable ou exalte l'âme. Elle anéantit ou elle donne des ailes à la pensée. Il faut dépouiller tout son amour propre de civilisé, tout son égoïsme d'individu, au seuil de ces royaumes du Vide. Mais après que l'on a fait le sacrifice médiocre de sa médiocrité, des joies supérieures commencent. J'imagine que les voluptés du mathématicien ont quelque chose de cette douceur. Les mots sont si impuissants à rendre les secrets du sentiment et de la pensée, qu'il est réconfortant parfois d'échapper à leur tyrannie pour se confier, comme dans l'ivresse de la prière mentale, aux émotions que l'homme n'a pu nommer.

La présence du pétrole tout voisin est signalée par des étangs de soude qui ont dans les mille pieds de long, sur quatre ou cinq cents de large. On se souvient en effet que la première découverte du pétrole souterrain a été faite aux États-Unis par des sauniers qui foraient le sol pour atteindre des gisements de sel, et qui se désolaient de le découvrir trop souvent mêlé à une huile grasse et puante.

Nous marchons à une allure moyenne de

huit kilomètres. Du pas, quelque temps de galop, quand la piste le permet, et quand nos reins se fatiguent. Le trot est presque impossible à soutenir sur cette surface inégale. Et d'ailleurs il semble que, tout comme nos barbes algériens, ces cow-poneys y répugnent.

A vingt-cinq milles de Casper est la halte où l'on déjeune. Les bouteilles et les boîtes de conserves sortent des sacoches de nos selles. La cabane en planches, où nous venons nous mettre un instant à l'abri du soleil et du vent quelque peu salé qui gerce les lèvres, est en démolition. On la nomme dans le pays, l'Hôtel-Métropole. Elle est encombrée de vieux papiers, de journaux qui, à l'occasion, servirent de draps et d'oreillers, ainsi que de bouteilles vidées et de boîtes en fer-blanc à la débandade.

Cy. Iba retrouve la trace d'un Anglais qu'il accompagna par ici il y a six mois.

Ce gentleman avait apporté de Londres un arsenal de chasse d'une merveilleuse élégance. Il avait demandé à notre vieux compagnon de lui servir de guide. Mais il n'avait pas pris la peine de faire la conquête de Cy. Iba. Il le

LE TRANSPORT DU PÉTROLE

CHARIOTS QUI CONVOIENT LE PÉTROLE DE SALT-CREEK A CASPER

payait, il se croyait quitte envers lui. Il se plaignit très vivement de trouver si peu de confort dans l'installation de l'Hôtel-Métropole. Il s'était imaginé dîner avec une nappe cylindrée, et — qui sait? — peut-être en compagnie de dames en robes ouvertes. Les réflexions que, d'autre part, il faisait sur le pays, n'étaient pas obligeantes. Enfin Cy. Iba en avait de son gentleman par-dessus les oreilles.

Il proposa :

— L'heure du coucher du soleil est la plus favorable pour la chasse. Je vais vous loger dans des buissons que je connais. Vous vous y dissimulerez et vous tiendrez ce grand sac tout ouvert. Moi, je battrai la brousse, j'enverrai dans votre direction tout le poil et toute la plume de la région.

Il installa l'Anglais dans un fourré, puis revint à la cabane, sella son poney, monta dessus et rentra tout simplement à Casper. L'autre attendit jusqu'au soir à la coulisse de son sac. La lune montait. Il finit par se lasser. Il regarda autour de lui; il s'aperçut qu'il était joué. Il essaya de rentrer à la ville, mais il se perdit plusieurs fois, passa toute la nuit à errer, dans l'état d'esprit que l'on imagine.

Il voulait, le lendemain, faire un procès à Cy. Iba.

L'homme répondit simplement :

— Je ne vous le conseille pas.

Et, toute réflexion faite, le chasseur berné jugea que ce conseil-là au moins était bon à suivre.

A une heure de l'après-midi, nous remontons à cheval.

Le déjeuner a réveillé la bonne humeur. Nous faisons assaut d'histoires. Vers trois heures, un convoi qui suit en sens inverse le même chemin que nous se dessine à l'horizon. Ce sont les charretiers de Salt Creek qui se dirigent vers Casper, avec leur chargement d'huile.

En tête de la file il y a un buggy que conduit un négociant de Casper. Il est monté à Salt Creek pour prendre les commandes des ouvriers. Derrière lui tire à plein collier un formidable attelage de seize chevaux, assemblés en paires. Ils font avancer un chariot monté sur quatre roues massives. On loge là-dedans, sous une bâche protectrice, 48 barriques d'huile. Un wagon qui sert d'habitation aux charretiers est attaché derrière cette première voiture. Un troisième véhicule, un camion chargé de fragments de rails, de tubes et de ferrailles, ferme le convoi.

Deux groupes de voitures et de chevaux se suivent dans les mêmes conditions.

Il y a toujours quatre chariots sur la route de Salt Creek à Casper : deux qui descendent « à plein », deux qui remontent « à vide ». Les départs ont lieu des deux côtés en même temps, cinq fois par semaine. La durée du trajet est très variable. Elle dépend, on le devine, de l'état de la route. Il arrive en hiver que l'on soit obligé d'atteler 32 chevaux à chaque convoi.

Nous buvons un peu de whisky avec les deux charretiers, et je leur demande la permission de visiter l'intérieur des wagons où ils habitent. En effet, j'ai autrefois formé le projet de relier le chemin de fer abyssin qui s'arrêtait en ce temps-là à la frontière extrême de l'Ethiopie et du Pays Dankali, avec la capitale du Négus, au moyen de chariots que nous voulions faire venir du Transvaal. Mais tous les Boërs tenaient alors la campagne et mes lettres étaient restées sans réponse.

Il m'a semblé que ces wagons américains étaient, pour le moins, aussi pratiquement établis et peut-être plus confortables que les voitures sud-africaines, dont tout le monde a lu la description.

Nous arrivons à Salt Creek vers 6 heures, sans nous être aperçus que la route monte de cinq mille deux cents pieds à cinq mille six.

Ce carrefour est entouré de médiocres collines. Elles descendent sur la plaine en pentes abruptes. Le petit village des pétroliers est dominé par les Derricks. Ce sont d'humbles tours Eiffel, qui vous ont de 10 à 16 mètres d'élévation, 5 ou 6 mètres de côté à la base, 1 mètre au sommet. Il est entendu que ce soir nous ne visitons pas le chantier d'exploitation. On songe seulement à se laver, à dîner et à se coucher.

Un peu à l'écart des bâtiments industriels et des puits s'élève, sur la gauche, une maison que la première propriétaire de Salt Creek, la Pensylvania Oil Gas Co., a installée. Elle a été édifiée avec des blocs d'huile comprimée. Des toitures en couvercles de boîtes à thé recouvrent les trois corps de logis de taille inégale, qui s'appuient les uns sur les autres.

Telle quelle, la maison est imperméable à la pluie. Elle peut loger dans ses deux étages une cinquantaine de personnes. Le mobilier est sommaire et propre. J'avoue que l'odeur de ces blocs de pétrole m'a gêné toute la soirée. J'ai rêvé de la vieille foire Saint-Michel du Hâvre, ma ville natale, où, il y a à peu près trente-cinq ans, j'ai flairé l'odeur, alors affreuse, du pétrole, dont les marchands de pain d'épices, les saltimbanques se servaient tout nouvellement afin d'éclairer leurs baraques.

Bien entendu on se chauffe à Salt Creek avec des poêles à pétrole, on s'éclaire avec des lampes à pétrole. On vous recommande, si vous êtes fumeur, de ne pas jeter à terre vos bouts de cigares encore rouges. La précaution n'est pas superflue ; la maison de pétrole prendrait feu plus aisément qu'une boîte d'allumettes de la régie française.

XVIII

Une exploitation de pétrole.

L'ingénieur qui dirige les travaux de Salt Creek est malheureusement absent. Cela réduit à neuf le nombre des travailleurs qui constamment surveillent les puits.

Nous avons, hier soir, passé notre veillée avec eux. Et de quoi auriez-vous donc voulu que l'on parlât sinon de ces légendes de la découverte miraculeuse, qui soutiennent la veille et le rêve de ces pionniers dans leur solitude?

L'un de nos compagnons est Canadien. Il conte pour moi une histoire qu'il tient de son père : l'aventure d'un certain John Shaw, de Toronto, qui, en 1861, dans le district d'Enniskillen, découvrit le premier puits à pétrole qu'on ait vu jaillir au Canada.

— L'homme, dit notre ouvrier, n'était pas beaucoup plus riche que moi. Il avait acheté une petite concession. Il forait, il pompait toute la journée, et il devenait enragé. En effet, le pétrole débordait tout à l'entour, tandis que, lui, il enfonçait sa sonde tous les jours plus profondément dans la terre, sans rien trouver au bout. Un matin de janvier, comme il peinait ainsi dans la boue glacée, les semelles de ses bottes l'abandonnèrent. C'était un désastre, car Shaw ne possédait pas d'autres souliers ; il n'avait plus les moyens d'en acheter de neufs. Il alla chez un bottier de sa connaissance ; bien poliment il demanda une paire de bottes à crédit : « Est-ce que votre puits jaillit ? » interroge le bottier qui avait l'âme aussi coriace que son cuir. — « Il jaillira certainement demain », répond Shaw — « Parfait ! » conclut le cordonnier. « Repassez demain. Alors vous aurez votre paire de bottes. » Shaw retourna à son forage, pieds nus, comme il l'avait quitté. Il pensait : « Je travaillerai jusqu'à la nuit, et si, d'ici à ce soir, je n'ai pas touché la veine, je ferai mon paquet. » Il piocha une grande heure. Le froid le gagnait, ses bras se lassaient. Soudain, il entend un ronflement dans son tuyau... Serait-ce Dieu possible? L'huile arrive. Elle déborde. C'est un ruisseau, un torrent. Elle coule vers la vallée. Elle va se jeter dans la rivière. On a entendu le cri de victoire de Shaw. Les gens s'amassent, font cercle. On lui donne des coups de chapeau et des poignées de mains. Un homme accourt tout essoufflé; c'est le cordonnier. Il apporte sa plus belle paire de bottes : « Vous n'avez pas douté de mon amitié, dit-il. Mon refus de tantôt était une plaisanterie, vous l'avez compris au moins? Je vous préparais ces bottes que voilà, toutes affaires cessantes, quand on est venu m'annoncer la bonne nouvelle. » — « Cela va bien », dit Shaw. « J'ai froid aux pieds. J'enfile les bottes. » Et il reprit son travail. Le puits jetait 2 barils de 180 litres en une minute et demie, soit, au plus bas cours, de 2 centimes le litre, 5 francs par minute, 300 francs par heure, 7,000 francs par jour, 2 millions par an.

Le défilé de ces chiffres allume une petite flamme, plus luisante encore que le pétrole

INTÉRIEUR D'UN DERRICK

qui nous éclaire, dans les yeux de nos compagnons.

— Nous verrons mieux que cela à Salt Creek, répond M. Lobell, quand les 105,000 acres (42,000 hectares) de terrains pétrolifères du district seront mis en exploitation et quand nous aurons atteint les couches profondes que tous les géologues, le docteur Boverton-Redwood, comme notre ami Knight, ont diagnostiquées. Alors, mes camarades, on n'aura plus besoin de pomper. L'huile jaillira toute seule, comme elle le fit dans l'histoire qu'on vient de nous conter, sous le pic du Canadien d'Enniskillen.

J'ai visité, dès le petit matin, un des dix puits en exploitation, puis un autre que l'on finit de creuser.

Un outillage rudimentaire suffisait aux premiers pionniers qui attaquèrent la croûte du sol. On commençait par recouvrir d'une barraque l'emplacement du puits, afin de mettre à l'abri les ouvriers et leurs outils. M. Lobell m'a averti que ces ouvriers de l'huile sont très superstitieux. Ils sont défavorablement impressionnés si un étranger qui pénètre pour la première fois dans le hangar ne prononce pas tout d'abord une parole de bon augure. Il y a un bel usage des camps comme des salons. Ceux qui ne s'y conforment point s'exposent à des brimades. Ils doivent au moins se soumettre à l'épreuve qu'on leur impose ensuite « afin de conjurer le mauvais sort ». Comme j'ai été informé de mes devoirs, j'entre en prononçant la parole fatidique :

— Good luck, gentlemen ! (Bonne chance, Messieurs).

On commençait jadis par creuser à la pioche un puits carré qui avait un mètre cinquante de côté à peu près. Les déblais étaient retirés au moyen d'un seau en tôle suspendu à un câble d'acier, enroulé à un treuil. Ce seau servait encore à remonter l'homme qui piochait au fond du puits. Le pauvre John Shaw, dont hier soir on nous contait l'aventure, est mort dans ce seau-là. Le métier a ses risques.

Quand on avait traversé les terrains mous et perméables à l'eau, on boisait soigneusement les parois du puits. A partir de trente mètres de profondeur il fallait envoyer à l'ouvrier, au moyen d'un ventilateur, de l'air respirable.

Ce procédé est le plus ancien de tous ; il a pu être employé au début de l'exploitation de Salt Creek, qui date d'une dizaine d'années ; aujourd'hui, pour atteindre le pétrole, on ne creuse plus de puits à galerie, on ne fait plus descendre dans les fosses des hommes que cette manœuvre exposait à mille dangers. On fore un trou, par choc ou pas rotation, avec une tarière ou avec un diamant, actionné à la main ou à la vapeur. Ensuite, au lieu de boiser, on enfonce dans le sol les tubes métalliques du colonel Drake. Alors, selon le cas, on règle le jaillissement du pétrole ou on va l'atteindre, comme en ce moment à Salt Creek, à l'aide d'une pompe actionnée par quelque manœuvre.

J'ai vu alignés sur le sol, comme les tronçons d'un long serpent, ces fragments de roches que la rotation du trépan détache à chaque tour. Ces rondelles, qui ont à peu près l'épaisseur des deux mains superposées et le diamètre d'un fond d'assiette, sont bien soigneusement rangées sur la terre, dans l'ordre même où les curettes les retirent. Ce sont, autant dire, les « témoins » auxquels l'homme d'expérience se réfère pour lire l'histoire géologique de la couche que l'on traverse. A leur vue, il sait ce qu'il doit craindre et ce qu'il peut espérer.

Pour l'espèce de tour Eiffel en bois qui chevauche le puits de sondage et que j'ai, hier soir, désignée par le nom technique le « derrik », on m'apprend qu'elle a été ainsi baptisée à cause de ses apparences de potence, en souvenir d'un fameux bourreau anglais nommé Théodoric, qui aurait vécu vers le XVIe siècle.

Ce derrik est une tour à quatre montants qui, au lieu de se joindre au sommet, s'arrêtent au bord d'un cadre assez étroit. Les flancs de la tour sont maintenus par d'autres cadres que relient entre eux des croix de Saint-André. On suspend au sommet du derrik une poulie; un câble d'acier qui s'enroule autour sert à enlever les tiges que l'on emploie à la perforation.

Tous les puits de Salt Creek ont été forés superficiellement. Leur profondeur varie entre 500 et 1,000 pieds (260 mètres à 330). L'opération a été très aisée à cause de la nature du terrain. Elle n'est revenue qu'à deux dollars (soit 10 francs) par pied. Dans ces conditions favorables, les puits coûtent en moyenne 10,000 francs la pièce. Depuis des années ils produisent, quotidiennement et régulièrement, dans les 1,440 litres par jour (9 barils).

Il paraît qu'il est d'usage, pour peu que l'on désire se faire une petite place dans l'estime des « Oil-Men » de goûter à l'huile qu'ils ont, devant vous, extraite de leur puits. J'étais tout disposé à me soumettre à l'épreuve. J'ai goûté au poisson des Esquimaux, au « tadjin » des Sahariens, aux « nids d'hirondelles » des Chinois de San-Francisco, au « berberi » des Éthiopiens. Je n'avais pas de raison plausible pour faire la petite bouche devant le pétrole de Salt Creek.

J'ai donc trempé... mon doigt dans le flacon que l'on me présentait. Je l'ai léché consciencieusement. Cela m'a paru moins écœurant que je m'y attendais. Cela faisait penser au lysol, au goudron, beaucoup plus qu'à l'huile de ricin, de fâcheuse mémoire.

Le contremaître me regardait faire avec une satisfaction visible. Evidemment il attendait un compliment.

Il a demandé :

— Hein ? Qu'en pensez-vous ?

— C'est parfait.

— Dites que l'huile de Salt Creek est la première huile lubrifiante du monde !

— Le professeur Knight me l'a déjà affirmé.

— La première comme huile de wagon et comme huile de locomotive ; la première comme huile de valve et de cylindre.

— Je m'en serais douté. Il me semble, depuis que j'y ai trempé le bout de ma langue, que toutes mes articulations ont conquis un renouveau de souplesse.

XIX

La raffinerie de Casper.

Il n'y a pas à dire : l'huile de Salt Creek prise
à l'intérieur et à toutes petites doses vous ra-
gaillardit un homme. En effet, nous sommes
rentrés, M. Lobell, Cy. Iba et moi, à Casper,
le même soir, avec une économie d'une grande
heure un quart, sur notre chevauchée de la
veille. Nos bêtes sentaient l'écurie et aussi la
causerie de mes compagnons abrégeait la route.

Nous avons visité dès le lendemain la raffinerie de Casper, que dirige le docteur Salathe,
un chimiste suisse de grande valeur, dont le
caractère et les capacités professionnelles sont
estimés de tous les hommes techniques.

L'aspéct de cette usine est modeste. Deux

cheminées de tôle montent au-dessus des bâtiments de bois, ceux-ci se sont agglomérés autour du hangar central au fur et à mesure des
besoins de l'industrie. Une grande flaque d'eau
est voisine. L'herbe pousse autour de la fabrique. Mais, telle quelle, la raffinerie est soudée à la gare même de Casper. Les wagons de
l'Union-Pacific s'arrêtent devant sa porte. Et
le docteur Salathe peut se vanter de conduire
une affaire en pleine prospérité.

La fameuse expression « la meilleure huile
lubrifiante du monde » a ici une valeur scientifique et absolue. On le sait, lorsqu'on raffine
le pétrole brut, on en retire successivement
une série de produits qui diffèrent les uns des
autres, d'abord par leur nature, ensuite par
leur emploi.

Dans l'ordre où ils sortent des appareils dis-
tillatoires que l'on vient de me montrer, ces
produits sont :

Des essences ;
Des huiles lampantes ;
Des huiles de graissage ;
Des résidus ou combustibles liquides.

VUE GÉNÉRALE DES PUITS DE PÉTROLE DE SALT CREEK

23

L'essence, c'est le produit léger, transparent, clair comme de l'eau, qui sert à actionner nos automobiles.

Les huiles de graissage ou lubrifiantes sont la spécialité de la raffinerie de Casper, grâce aux puits de Salt Creek qui l'alimentent. Elles acquièrent tous les jours une valeur plus considérable depuis que l'industrie abandonne à leur profit les huiles et les graisses végétales ou animales, qui jusqu'ici avaient servi à lubrifier les organes des machines. Si épurées, en effet, que soient ces huiles et ces graisses végétales ou animales, elles renferment toujours, outre une importante proportion d'eau, des substances qui s'attaquent aux métaux, qui les rouillent, qui les corrodent.

Tous ces inconvénients disparaissent avec l'emploi des huiles minérales dont le pétrole de Salt Creek est le type. Ce sont elles qui, sous des étiquettes diverses, graissent aujourd'hui les machines à coudre, les bicyclettes, les automobiles, les machines-outils, les machines à vapeur de l'industrie, des chemins de fer et des navires.

Je savais que brute et prise à sa source, cette belle huile de Salt Creek, verte comme du jus d'olive, valait environ 8 dollars le baril, soit 40 francs les 160 kilos.

J'ai demandé à M. Lobell :

— Que vous coûte votre transport du puits à la raffinerie sur ces chariots que nous avons rencontrés en chemin ?

Il m'a répondu :

— Un prix exorbitant : 2 dollars (10 francs) par baril de 160 litres !

— Et à ce tarif-là vous avez des bénéfices ?

— Jugez-en : transformé en huile de graissage pour les wagons, le pétrole de Salt Creek se vend tant que l'on veut 10 dollars (50 fr.) le baril. Sous l'étiquette « huile de locomotive » on nous l'achète 15 dollars le baril (75 francs). Enfin la qualité supérieure, l'huile à valve et à cylindre vaut 25 dollars le baril (125 francs).

Dans ces conditions enfantines et provisoires d'exploitation le *bénéfice net et actuel* des propriétaires de Salt Creek est de 6 doll. 30 par baril de 160 litres (31 fr. 50) tous frais

généraux payés, toutes dépenses de raffinage
réglées.

Je me souvenais qu'on m'avait parlé à Salt
Creek d'un débit de neuf barils par jour. Je
demandai encore :

— Depuis combien de temps vos puits sont-
ils ouverts?

M. Lobell répondit :

— Depuis une dizaine d'année, or leur débit ne fait que s'accroître depuis que l'exploitation est scientifiquement et industriellement
conduite. Prenons donc s'il vous plaît un
crayon et un papier. Alignons quelques chiffres. Je ne veux pas que vous m'accusiez d'op-
timisme. Je vais réduire à cinq barils par jour
les neuf barils que vous avez vu récolter quotidiennement par les puisatiers de Salt Creek, et à
30 francs par baril de 160 litres le bénéfice
de 31 fr. 60 que je vous ai annoncé tout à
l'heure. L'affaire de Salt Creek vaut à ce taux
1,500 francs nets par jour, 450,000 francs par
an. Maintenant rappelez, je vous prie, vos souvenirs. Vous souvenez-vous du nombre des
hectares qui sont actuellement mis en va-

leur par les dix puits que je vous ai fait voir?

— Deux.

— C'est cela... Or le docteur Knight, comme le docteur Boverton-Redwood, comme tous les spécialistes qui ont visité Salt Creek, s'accordent à dire que les 5,000 acres (2,000 hectares) d'un seul tenant qui constituent le gisement de Salt Creek sont dans des conditions géologiques de tous points identiques aux cinq acres qui ont été sondés et que l'on vous a montrés en exploitation.

Mon ami Lobell avait sur le visage le reflet heureux de sa conviction. Visiblement il était satisfait de me sentir si intéressé.

Il reprit :

— Permettez-moi maintenant d'attirer votre attention sur deux faits que vous devez connaître. En Pensylvanie où la couche de grès pétrolifère n'a qu'une épaisseur moyenne de 20 pieds (environ 3 mètres), le rendement des terrains est de 2,000 barils, soit 320,000 litres par acre. A Salt Creek, où la couche moyenne pétrolifère atteint partout 50 pieds, soit plus du double de la couche moyenne en

Pensylvanie, on est sûr de rester considérablement au-dessous de la vérité, en n'évaluant le rendement de l'acre en exploitation qu'aux chiffres moyens fournis par les statistiques de Pensylvanie. C'est à savoir : 2,000 barils (320.000 litres) par acre. Maintenant prenez vous-même le crayon, je vous en prie. Et dites-moi ce que peuvent, dans ces conditions, renfermer de pétrole les 5,000 acres de Salt Creek que nos géologues ont prospectés ?

J'écrivis le chiffre :

— Dix millions de barils.

— C'est-à-dire... en litres ?...

— Un milliard six cents millions de litres de pétrole.

— Qui valent ?

— Vous m'avez parlé de 30 francs le baril de 160 litres ?

— Réduisons ce chiffre à 25 francs. Dans cette cave souterraine de Salt Creek que vous fouliez hier de votre talon, les propriétaires du gisement cachent un magot de deux cent cinquante millions de francs.

J'ouvrais des yeux ronds, je hochais la tête.

Mon compagnon me contemplait avec gravité. Il voulait donner à ce poids d'or le temps de descendre, pour moi comme pour lui, des hauteurs de la possibilité dans le champ de la certitude. Puis quand il me jugea au point de conviction où il voulait me conduire, il prononça d'une voix basse, presque mystérieuse :

— Et cette évaluation-là, mon cher ami, ne porte que sur la première couche, la superficielle, celle que déjà vous avez vue exploitée, alors que les géologues qui sont venus contrôler le diagnostic de Knight affirment... (Entendez-vous bien?... Ils « affirment!... » que cette couche superficielle est la plus pauvre; au-dessous d'elle, nous devons atteindre des couches plus profondes dont nul ne saurait d'avance évaluer la richesse.

XX

Une réunion d'Etats généraux.

Le Wyoming est décidé à sortir de l'isolement où il a vécu jusqu'ici, et comme nous sommes en Amérique et non en France, ce n'est pas au gouvernement de Washington qu'il s'adresse pour demander assistance : il ne songe qu'à s'aider lui-même. Il vient de tenir une espèce de conseil de famille qui vous a eu une figure d'États généraux. Là, avec une loyauté d'hommes d'affaires précis qui font leur caisse à la fin d'un exercice, et une ardeur de jeunes gens qui ne connaissent pas de limite à leurs espérances, on a dressé le bilan de toutes les richesses du Wyoming, de toutes ses acquisitions, de tous ses besoins im-

périeux. C'était un examen de conscience public et tout autant un acte de foi et d'amour.
L'histoire de cette manifestation sociale, éco-
nomique et patriotique d'un territoire du Far-
West qui vient bien juste de prendre figure
d'Etat vaut vraiment qu'on la raconte. L'en-
thousiasme des Wyomingeois pour leur jeune
patrie, l'admiration naïve qu'ils témoignent
pour leurs propres efforts sont de nature à pro-
voquer chez nous quelques sourires. Sourions,
soit. Nous avons plus de goût, plus de formes,
mais comment ne pas envier le fond de ces
gens-là, l'élan irrésistible de leurs énergies
individuelles et surtout la confiance qu'ils se
sentent en face des difficultés du présent, des
incertitudes de l'avenir. De tous les souvenirs
que j'ai rapportés de ma traversée des États-
Unis du nord au sud, de l'est à l'ouest, celui-
ci est le plus vivace : pas une figure d'homme
valide sur laquelle on ne lise cette certitude :

— Si je veux travailler, le travail ne me manquera pas; si je travaille un peu plus, j'aurai
une femme, je pourrai supporter aisément le
poids d'une maison.

INTÉRIEUR D'UN PUITS DE PÉTROLE

Le mouvement qui vient d'aboutir à la réunion des États Généraux dont je parle — on s'est servi d'un mot plus modeste, on l'a appelée « la Convention industrielle du Wyoming » — est sorti d'un toast prononcé à Cheyenne, dans la réunion annuelle des directeurs des journaux wyomingois, par le rédacteur en chef et propriétaire du *Cheyenne Daily Leader*, M. E. A. Slack. Et vraiment, cet homme en cheveux blancs, dont la face toute rasée respire la décision et le bon vouloir, a été pour le Wyoming un excellent génie. J'ai emprunté au journal illustré qu'il publie de temps en temps à côté de son quotidien quelques-unes des photographies qui commentent ce petit livre. En face de ces exécutions typographiques parfaites et de l'art véritable avec lequel images et documents sont mis en scène, on a un peu de honte. Si toute la civilisation du Wyoming correspondait à la perfection de ses journaux illustrés, nous n'aurions plus de ce côté-ci de l'océan qu'à fermer boutique.

Tous les journaux de l'État propagèrent à son de trompe le toast du délégué, M. Slack.

On décida immédiatement de passer de la proposition à l'acte.

Les directeurs des journaux de chaque chef-lieu de comté furent tout d'abord invités à envoyer dix délégués au futur congrès. Les membres des commissions de chaque comté en choisirent dix autres. Le maire de chaque ville ou « cité » en désigna dix parmi ses administrés à son choix. Enfin, le président de chaque club commercial choisit dix noms sur la liste de ses adhérents. Grâce à cette sélection, toutes les « capacités » du Wyoming et tous les grands intérêts se trouvaient réunis au nombre de 150 délégués, à peu près, aux États Généraux, qui s'ouvrirent dans la salle de l'Opéra de la ville de Laramie, capitale du comté d'Albany, dans la matinée du 11 décembre 1901, sous la présidence de M. Richards, décédé depuis, qui était alors le gouverneur de l'État et qui avait été placé à la tête du comité exécutif.

Le sentiment religieux est chez les Américains une manifestation on pourrait dire sociale et d'un caractère très particulier : il n'apparaît marqué d'aucun caractère évangélique. Le nom du Christ est toujours ajouté à la fin, entre le dernier vœu de celui qui prie et le vocable « amen »; mais il apparaît là comme une formule plutôt que comme une explosion de foi ou d'amour pour une personne divine. Le Dieu que prient gravement ces hommes d'affaires, c'est le Jéhovah biblique; ils passent sérieusement avec lui un contrat qu'ils entendent tenir :

— Nous observerons Ta loi, en échange donne-nous la prospérité.

A ce titre, l'oraison par laquelle le Révérend E. E. Turbill, appelé sur la scène de l'Opéra, ouvrit les séances du Congrès vaut qu'on la cite en entier. Il joignit les mains sur le pupitre que l'on avait poussé au bord de la rampe, leva les yeux au ciel et prononça :

— O Seigneur, notre Dieu ! nous jetons nos yeux sur Toi. Tu es le Créateur et le Père de Tout. De Toi viennent toutes choses bonnes et parfaites. C'est en Toi que nous vivons, que nous nous remuons et que nous sommes. A cette heure nous nous tournons vers Toi pour invoquer Ton aide, et nous Te prions de nous donner Ton assistance dans ce que nous allons entreprendre. Nous Te prions de nous aider à faire ce qui sera en harmonie avec Ta volonté. Nous Te le demandons dans l'intérêt des gens qui sont ici représentés, nous Te remercions au nom de notre Etat et de nos citoyens, pour toutes les richesses dont Tu nous as comblés. Nous Te demandons de bénir notre peuple, notre pays, notre administration. Nous Te demandons de nous aider à avoir Dieu toujours présent à nos yeux, et à mener des vies conformes à Ta volonté. Nous Te demandons de bénir ce programme; puisse-t-il être profitable à tous ! puisse-t-il ajouter à la prospérité de cet Etat, puisse-t-il être favorable à tous les intérêts légitimes de nos concitoyens. Toutes ces bénédictions, nous Te les demandons au nom de J.-C. Notre Seigneur. Amen.

Ce salut adressé « à ce qui est éternel », le Gouverneur de l'Etat prit la parole pour souhaiter la bienvenue aux congressistes et affirmer que le but de cette réunion était « d'aider à faire éclore la beauté et l'abondance là où présentement régnait la nature inculte, et d'arracher au sol, à la plaine comme à la montagne, les trésors qu'ils recèlent.

— Depuis le jour, dit-il, où le premier homme blanc s'est établi dans ce pays, le Wyoming a été considéré presque exclusivement comme une terre d'élevage. Et certes nous sommes fiers quand nous apercevons la marée. de nos montagnes couvertes de bétail, de bœufs, de moutons et de chevaux. Mais une ère nouvelle se lève pour le Wyoming. Nous commençons à comprendre quelles richesses agricoles, jusqu'ici négligées, pourront surgir de nos larges et basses plaines, lorsque nous nous serons appliqués à distribuer intelligemment, à travers ces terres aujourd'hui arides, l'eau montagnarde qui ne nous manquera jamais.

« Et d'autre part, nous commençons d'apercevoir sous ce tapis de gazon les trésors enfouis : l'or, l'argent, le cuivre, le fer, le pétrole qui n'attendent qu'une intelligente intervention de l'homme pour placer le Wyoming, tant par l'importance de sa population que par l'énormité de ses richesses, au premier rang des États de ce pays.

« Celui qui veut convaincre autrui doit être lui-même profondément et loyalement sûr de la vérité de ce qu'il affirme. C'est notre cas.

« Faisons donc connaître aux peuples du monde quelles ressources attendent ici ceux qui viendront nous aider à recueillir la moisson.

« Dites aux capitaux du monde la vérité et rien de plus, au sujet de nos inépuisables mines de charbon, de nos dépôts illimités de fer, de cuivre, d'or, d'argent, de pétrole — de l'inépuisable fertilité promise à nos terres ; — de la continuelle beauté de nos journées ensoleillées. Dites tout cela avec le sérieux de la foi et on répondra à votre appel, et notre État verra des villes jaillir de son sol, la population affluera de toutes parts, une grande richesse récompensera notre travail et nous aurons, nous autres, accompli notre destinée. »

Il y a tant de gens qui, dans notre vieille Europe, accusent la presse d'avoir déchaîné sur le vieux monde les sept plaies d'Égypte, qu'il peut être intéressant de leur faire toucher du doigt qu'elle est vraiment comme la langue d'Esope, la pire chose du monde et la meilleure. Au Wyoming, on ne la connaît que sous les traits d'une bonne fée. Le maire de Laramie qui, après le Révérend et le Gouverneur, a pris la parole a exprimé cette vérité en bons termes :

— Le fait, s'est-il écrié, que l'idée de cette réunion et son organisation ont été élaborées par les représentants de notre presse sont une garantie suffisante du succès de nos efforts ; nous savons que les décisions que nous allons prendre seront portées à la connaissance de tous et soutenues avec ardeur par ces directeurs de journaux qui ont peiné si longuement, si vaillamment, souvent sans argent ni récompense, pour soutenir et défendre les intérêts matériels de cet État. »

C'était ce magistrat qui était chargé de souhaiter « la royale bienvenue » non seulement aux congressistes mais à tous ceux qui « épris de liberté voudront devenir des fils et des filles vigoureux de la république ». A ces futurs citoyens du Wyoming, le maire de Laramie a envoyé un salut par-dessus les océans.

— Les jours de l'adversité et du désappointe-
ment, a-t-il déclaré, appartiennent maintenant
au domaine du souvenir. Le rêve des pionniers se fait vivant. La marche vers les montagnes a commencé. Nous sommes prêts à accueillir à bras ouverts les hôtes qui décideront
sagement de venir joindre leurs destinées aux
nôtres. Nous sommes sûrs qu'ils édifieront
avec nous un grand État sur les bases solides
de la justice, de l'égalité des droits et de
l'amour du progrès que les pionniers ont je-
tées. Ainsi l'étoile du Wyoming brillera d'un
grand éclat dans la constellation des États-
Unis.

Toutes ces mâles paroles n'étaient qu'une
préface à l'œuvre très sérieuse de ce Congrès.
On ne s'était pas seulement réunis pour se féli-
citer mais pour s'instruire et mettre en un tas
commun les raisons que l'on a d'espérer avec
une foi virile dans les ressources du Wyoming.
A cette place où le Révérend avait prié, où le
gouverneur et le maire avaient entonné deux
chants lyriques en l'honneur du jeune Etat,

LA RAFFINERIE D'HUILE DE PÉTROLE DE CASPER

tous les grands hommes d'affaires qui assistaient à la réunion sont venus commenter un rapport où ils ont produit devant l'assemblée l'élixir de leur expérience. Et d'abord, puisque c'est par l'élevage que le Wyoming a débuté, c'est mon ami l'Honorable B. Brooks qui le premier a pris la parole, pour dire les résultats que les ranchmen ont obtenus depuis qu'ils ont fixé leurs troupeaux sur cette incomparable prairie. Puis le géologue de l'Etat, M. H. C. Beeler, a tracé à grands traits le tableau des richesses minérales du Wyoming; ensuite chacun est venu lire le chapitre, nourri de faits et de chiffres, qu'il avait écrit sur sa spécialité. Et, tout le premier, le cher professeur W. C. Knight a conté l'histoire du pétrole; M. A. W. Phillips a dit où en était l'exploitation de l'huile dans la banlieue de Douglas; M. I. S. Bartlett a parlé du fer; le docteur G. E. Reed, du cuivre; l'Honorable P. J. Quealy, du charbon; M. R. C. Moris, des puits de soude; M. W. H. Holliday, des forêts; M. Fred Bond, ingénieur de l'État, de la question de l'irrigation et de l'établissement des réservoirs; M. M. E. Slosson, chimiste du département de l'agriculture, de la production du sucre de betteraves. Puis d'autres spécialistes ont parlé sur la question des voies de communication et chemins de fer, sur l'organisation de l'instruction primaire et de l'instruction supérieure, sur les lois du Wyoming, sur ses finances, sur les ressources particulières de chaque comté, sur la pisciculture, sur les sources médicinales, etc., etc.; enfin on a pris des résolutions : une des principales a été de préparer en commun, pour la prochaine exposition de Saint-Louis, une exhibition digne du Wyoming.

— Il y a des gens, s'est écrié un congressiste, qui disent que le Wyoming est trop éloigné de la côte; qu'il est trop mal aisé de s'y rendre, trop difficile de le parcourir pour étudier ses ressources sur place. Nous répondrons comme Mahomet : « Vous ne voulez pas venir à la montagne? Regardez; elle vient à vous! » Ce miracle-là en vaut bien d'autres et, après que vous en aurez été témoins, votre salut sera en péril si vous ne croyez pas!

XXI

Des chemins de fer, s.v.p.

Chacune des communications que différents spécialistes ont apportées au « Congrès Industriel de Laramie » était isolément intéressante. Toutes, ou presque toutes, s'achevaient par le même souhait :

— Nous avons de l'or, nous avons du cuivre, nous avons du fer, nous avons de la soude, nous avons du pétrole, nous avons du charbon, nous avons des bœufs, nous avons des moutons, nous avons des chevaux... Donnez-nous des chemins de fer, afin que nous puissions développer et exploiter nos richesses.

On l'a vu, en effet, en lisant l'histoire de la « Standard Oil » : le développement de la voie ferrée est, aux États-Unis plus qu'ailleurs, la condition première de la vie, en tout cas, de toute industrie. Je dis « plus qu'ailleurs », car, par la vieille Europe, nous avons tracé des routes, un système plus ou moins parfait de chemins de grande et de petite communication, des voies nationales, royales, impériales, départementales ou communales, qui recouvrent le sol tout entier de leurs empierrements. Elles se sont bâties, ces routes, sur le vieux système romain, de ces voies légionnaires qui partant du Forum circulaient à travers le monde connu.

Il n'est pas nécessaire de s'enfoncer dans l'Ouest américain pour s'apercevoir que les États-Unis n'ont pas pris le temps de donner aux divers royaumes dont ils sont composés ce lien vivant : un système rationnel de routes. A New-York même vous avez des quartiers dont les trottoirs sont bordés de maisons neuves, hautes, luxueuses, pourvues de tous les avantages du confort moderne : on ne peut y circuler en voiture ; — les ressorts se briseraient dans les trous, dans les mares qui creusent et coupent ces belles avenues. On a, ici là, posé des dalles, des pierres, qui raient la chaussée en travers, et permettent de franchir le lac de boue à peu près à pied sec. La rue elle-même est desservie par un tramway électrique où les femmes les plus élégantes montent, non seulement de jour, mais tard dans la nuit, avec leurs diamants au cou, leurs perles aux oreilles, de retour d'une soirée ou d'une représentation d'Opéra. Personne ne songe à paver ou à macadamiser la rue. A quoi bon ? *Time is money.*

On n'a pas le temps de circuler à pied par les rues ; et, si l'on voisine d'un « block » à l'autre, le trottoir est là.

Entre les villes, éloignées les unes des autres par des distances dont nous n'avons pas d'idée, manque, partout, l'anneau, si européen, si particulièrement français, du « village ». Les formidables agglomérations de population sont séparées par des espaces non moins formidables et vides. Donc, point de roulage sur route, point de gîte sur le chemin. Le télégraphe et le chemin de fer sont arrivés en même temps. Ils ont brusqué les étapes de l'évolution, doué le pays d'un système nerveux supérieur, mais incomplet et tyrannique.

Heureux ceux qui se sont trouvés sur le passage des deux grandes voies ferrées : le Northern et l'Union-Pacific qui raient le pays en travers, qui relient un océan à l'autre. Ils ont pu se développer immédiatement, passer, sans transition, de l'état quasi-sauvage aux commodités de la civilisation. Tant pis pour les États qui se sont trouvés pris entre ces deux bandes de mouvement et de vie : les chances de leur développement ont été reculées d'un demi-siècle.

C'est le cas du Wyoming. Le Northern passe, au nord, au delà de ses frontières. Au sud l'Union-Pacific ne fait que l'écorner. Dans ces conditions, il est demeuré longtemps selon la pittoresque expression d'un des premiers pionniers « un sac à Indiens, à bœufs et à brigands ».

Mais voici que soudain le spectacle change.

Au moment même où les réserves d'huile baissent dans l'Est, les prospecteurs découvrent, presque simultanément, dix-huit gisements pétrolifères dans ce champ d'herbe que l'on croyait bon, sans plus, à nourrir des bœufs, des moutons et des chevaux. On touche l'huile à Bonanza dans le comté de Big-Horn ; à Belle-Fourche dans le comté de Crook ; à Powder-River et à Salt-Creek, dans les comtés de Johnson et de Natrona ; à Newcastle dans le comté de Weston ; à Douglas dans le comté de Converse ; à Oil-Mountain, à Arago, à Rattlesnake dans le comté de Natrona, à Dutton, sur les limites de Natrona et du comté de Fremont ; à Lander, à Popo-Agie, à Henderson et à Beaver dans le comté de Fremont ; à Carbon dans le comté du même nom ; à Twin-Creek et à Spring-Valley, dans le comté de Uinta, enfin au lieu dit du Dôme près de Salt-Wells, dans le comté de Sweetwater.

Aussitôt la question des transports est inscrite à l'ordre du jour. Ce n'est plus seulement le Wyoming qui la pose pour lui-même : les compagnies de l'Est qui se repentent d'avoir trop négligé le cow-boy, se demandent à quelle élue il portera ses préférences.

La question a deux aspects, très différents,

selon qu'on l'envisage au seul point de vue du transport du pétrole depuis le lieu du gisement jusqu'au raccord avec les voies ferrées déjà existantes et ambiantes, ou que l'on recherche le moyen d'expédier lesdites huiles, directement et à des grandes distances, hors du Wyoming.

Les trois modes généralement employés pour voiturer le pétrole sont : les voies fluviales, les voies ferrées, enfin ces conduites dites « pipe-lines » qui ont été décrites plus haut.

En ce qui concerne les transports par voie fluviale à l'intérieur même du Wyoming, il suffit de jeter les yeux sur la carte pour reconnaître qu'ils n'ont pas d'avenir en ce pays. Pas un gisement de pétrole n'est logé à proximité d'un cours d'eau navigable.

Il semble au contraire que l'on ne trouverait aucune difficulté à relier avec des « pipe-lines » les gisements les plus importants de l'État, soit à la grande artère de l'Union-Pacific, soit à la ligne septentrionale. Cette solution aurait l'avantage d'être la plus simple,

LE PUITS Nº 1 (TERRAIN DU DÔME)

la plus rapide, la moins coûteuse. Ce n'est pourtant pas elle qui réunit en sa faveur la majorité des approbations. Elle ne satisfait qu'à moitié les « oil-men » du Wyoming ; elle déplaît certainement aux autres intéressés.

Les « oil-men » remarquent, en effet, que les huiles du Wyoming sont d'espèces très diverses. Il faudrait dans la pratique renoncer à faire couler par la même conduite des qualités de pétrole trop différentes. D'où la nécessité de multiplier les tuyauteries d'une seule ligne, dans des proportions qui, en fin de compte, deviendraient onéreuses. En second lieu, il y a toutes les raisons du monde de croire que des « pipe-lines » ne suffiraient pas à transporter les considérables quantités d'huile que l'ouverture de puits à pompage ou la découverte de puits jaillissants peuvent, du jour au lendemain, jeter à la surface du sol.

Enfin, on remarque que la majeure partie des pétroles du Wyoming appartient à la catégorie des huiles lourdes ou lubréfiantes. On sait qu'elles sont, plus que les autres, sujettes à la congélation. Du fait de cet inconvénient, afin de ne pas faire éclater la tuyauterie, on se trouverait dans la nécessité d'interrompre le coulage en cours d'hiver, dans toutes les régions où la prise de froid est subite et vive.

Il semble donc que le système général de transport dont le Wyoming sera doté avant peu ne prendra pas la figure d'une canalisation superficielle ou souterraine.

— L'établissement des « pipe-lines », s'est écrié un congressiste, quand l'étude de ces questions est venue devant les Etats Généraux de Laramie, l'établissement des pipe-lines né donnerait satisfaction qu'aux pétroliers. Un chemin de fer, au contraire, nous servira à tous, agriculteurs, mineurs ou ranchmen. Mieux encore, il servira l'État du Wyoming lui-même. Il l'aidera à franchir d'un coup plusieurs étages dans l'escalier de la civilisation.

D'universels applaudissements ont accueilli ces paroles raisonnables et cette image précise. Peu de mois après, un meeting, tenu à Lander, venait renforcer de ses vœux la décision qui mûrit dans l'esprit des chefs du jeune État (1).

On a depuis longtemps déjà dépassé la minute des hésitations. J'ai sous les yeux, au moment où j'écris ces lignes, une carte, qui montre avec clarté comment par un réseau de voies ferrées le Wyoming entend se relier aux cinq compagnies de chemin de fer qui déjà le traversent, le touchent, ou, ici là, l'entament.

La plus importante de ces grandes artères est, sans contredit, l'Union-Pacific-Railroad. Il aborde le Wyoming au bord de sa frontière méridionale, à Cheyenne. Il sort de l'État à Evanston, après un parcours de 500 milles (800 kilomètres Paris-Marseille).

Aux limites des comtés de Sweetwater et de Uinta, au lieu dit Granger, l'Union-Pacific jette une branche vers le nord-ouest et l'État de Idaho : c'est le chemin de fer connu sous le nom de « Oregon-Short-Line ». Il court sur une longueur de 100 milles (160 kilomètres).

---

(1) M. Fenimore Chatterton, gouverneur actuel du Wyoming, a accepté la présidence de la Compagnie des pétroles du Wyoming, qui est la figure américaine de la « Belgo-Américaine. »

Le système dit « Burlington and Missouri-Railroad pénètre le Wyoming en quatre points différents.

Au sud-est, il relie la ligne de Cheyenne au Colorado par un ruban de 29 milles (46 kilomètres) ; à l'est, il franchit la frontière de l'État de Nebraska à la hauteur de Guernesey, après avoir couvert une étendue de 50 milles (80 kilomètres). On retrouve le Burlington franchissant le Wyoming vers le nord-est, de la frontière du Nebraska à la frontière du Montana, 236 milles (375 kilomètres). Enfin la quatrième attache va du comté septentrional de Big-Horn à la frontière du Montana.

Les deux dernières voies ferrées qui sortent du Wyoming par la frontière de l'est aboutissent, l'une comme l'autre, à un carrefour qui est certainement destiné à devenir un des nœuds les plus importants du futur système des chemins de fer de l'État : Orin-Junction. Le Frémont-Elkhorn-Missouri (qui n'est qu'un tronçon du Chicago and North-Western Railway), réunit, dès aujourd'hui, le Wyoming à la grande métropole des lacs, 130 milles (207 kilomètres).

Enfin le Colorado and Southern-Railway, 153 milles (307 kilomètres), relie le jeune État avec le grand centre de Denver.

Ces 1,600 kilomètres de voie ferrée qui enserrent le Wyoming laissent tout le cœur de l'État, c'est-à-dire l'immense région où l'élevage est le plus florissant, où les richesses minières semblent concentrées, où les gisements de pétrole se suivent comme les anneaux d'une chaîne, sans système rationnel de transport :

— Dans ces conditions, m'a dit mon ami M. Lobell, au cours de cette dernière soirée que nous avons passée ensemble avant de reprendre notre chemin, l'un vers l'est, l'autre vers l'ouest, — la première ligne dont les Wyomingois réclament l'exécution est le tronçon qui pénétrera au cœur même de l'État en jetant deux branches : l'une de Casper à Lander. Elle desservira non seulement le pays du mouton et du bœuf, mais les bassins pétrolifères d'Oil-Mountain, d'Arago, de Rattlesnake, de Dutton, de Beaver, d'Henderson, de Lander, de Shoshone ; elle aura 120 milles à peu près. L'autre branche montera jusqu'au Salt-Creek et pourra

se continuer, avec le temps, tout le long de la
Powder-River. Il y a lieu d'envisager la construction ultérieure de lignes complémentaires
qui réuniront ce point central de Salt-Creek,
l'une à Newcastle, l'autre au bassin de Dutton
et de Rattle-Snake. Puis on parle d'une ligne
de Lander à Evanston par Green-River ou
Lewiston, puis d'une ligne de Salt-Creek à Douglas, pour relier directement ce gisement pétrolifère à l'Elkhorn-Missouri.

Je demandai :

— Et vous ne croyez pas que les intérêts
des gros pétroliers de l'Est, qui dominent dans
les conseils d'administration de l'Union-Pacific
et du Chicago and North-Western-Railway, se
mettront, de toutes leurs forces, en travers de
vos projets?

Mon ami Lobell sourit. Il n'était plus l'homme
de route dont l'expression se dessine seulement
en lignes d'énergie, quand il a un bon poney
entre les genoux et l'horizon au ras des bords
de son chapeau. C'était bien l'attorney de Chicago, l'habile homme du Sud, que j'avais à ce
moment en face de moi :

— Nous avons, dit-il, diverses raisons de ne pas craindre les hostilités que vous redoutez pour nos projets, et chacune de ces raisons est péremptoire.

« La première, c'est que, — vous l'oubliez toujours — la « Standard-Oil » n'est pas une productrice, mais une raffineuse de pétrole. Et peu lui importe qu'on lui envoie des pétroles du Wyoming où d'ailleurs.

« La seconde, c'est que ladite « Standard-Oil » cherche dès aujourd'hui de nouveaux réservoirs d'huile naturelle qui viennent alimenter ses raffineries, et remplacer les déficits qui se préparent dans l'Est.

« Vous nous faites l'honneur de croire que si nous avons retardé jusqu'ici l'installation d'un bout de voie ferrée qui supprimerait entre nos puits de Salt-Creek et l'usine de Casper cette étape de chariot que vous avez faite en un jour de cheval, c'est que Salt-Creek nous apparaît, dès aujourd'hui, comme le centre d'une étoile de voies ferrées, et que nous tournons le plat, entre nos doigts, comme des petits garçons goulus, devant une tarte coupée en tranches, sans savoir par quel morceau nous allons attaquer cette circonférence! (1)

(1) Au moment où l'on imprime ces lignes j'apprends que le « Chicago-and-North-Western-Railway » est en pourparlers pour acheter la ligne Frémont-Elkhorn-Missouri et qu'il se propose de la prolonger jusqu'à Great-Salt-Lake-City, capitale de l'Utah. Elle couperait ainsi le Wyoming en travers et desservirait les bassins pétrolifères de Dutton, Lander, Henderson, Popo-Agie, etc.

SIÈGE DE LA Cie BELGO-AMÉRICAINE A CHEYENNE

XXII

Production et consommation du pétrole.

On m'avait prédit que je laisserais dans
l'Ouest « un peu de mon cœur ». C'est, en effet,
ce qui est advenu. Ces pays neufs ont l'attrait
des jeunes gens vigoureux et débordants d'initiative, qui, devant eux, ont toutes leurs espérances.

Rentré dans le cours de mes occupations
journalières, plus d'une fois je me suis surpris
à lire, ici là, dans des revues ou dans les journaux techniques, des articles qu'autrefois j'aurais sautés à pieds joints : il y était question du
pétrole, de sa production, de sa consommation.

Qu'est-ce à dire?

Serais-je devenu moi aussi, sans le savoir, un « oil-man? »

Non, mais quelque part dans le monde, « au delà du Fleuve Océan », j'ai, sur le versant du Pacifique, un jeune ami de l'Ouest américain, qui s'appelle Wyoming. Et lui il monte la garde autour de ses puits à pétrole; il attend avec fièvre la minute de « jouer sa chance », comme on dit de l'autre côté de la mer. Alors, je vais aux renseignements, pour savoir si les circonstances lui sont favorables ou si elles lui sont hostiles.

Dans une de ces occasions je suis tombé sur une interview d'un certain M. Durston, dont j'ai entendu citer le nom, aux Etats-Unis, comme celui d'un des principaux négociants en pétrole de la Pensylvanie.

M. Durston disait :

— Il n'y a pas de doute, l'avenir de l'Amérique ne sera pas brillant en tant que productrice de pétrole qu'à une condition : si nous développons rapidement de nouvelles régions pétrolifères. Nos vieux puits baissent. Tel qui fournissait cent mille barils n'en donne plus que dix mille. « Malgré l'activité de tous, la production décroît. Il semble que nous touchions au bout de notre rouleau ».

Suivaient des chiffres précis qui figuraient l'ensemble de la production des puits à pétrole sur la surface entière des Etats-Unis.

Ils démontrent, ces chiffres, que M. Durston n'a pas poussé vainement son cri d'alarme :

En 1902, la Virginie a produit 700,000 barils de moins que l'année précédente. (Diminution de 4,5 0/0.) L'Ohio est, lui aussi, en baisse avec un déficit de 634,000 barils (3 0/0). A elle seule la Pensylvanie perd 561,000 barils (4,5 0/0). L'État de New-York récolte 87,000 barils de moins qu'à l'ordinaire (7 0/0). Le Colorado 66,000 barils (14 0/0). Soit, au total, un passif de deux millions quarante-huit mille barils, ou trois cent vingt-sept millions six cent quatre-vingt mille litres.

Tandis que les vieux producteurs en sont réduits à constater l'épuisement de leurs ressources, les propriétaires des jeunes puits du Sud, du Centre et de l'Ouest voient leur prospérité s'accroître chaque jour,

En 1902 le Texas gagne 6.000.000 de barils (132 0/0) sur sa production de l'année précédente. La Californie est en hausse avec 5.000.000 de barils (59 0/0). De même l'Indiana avec 1.700.000 barils (30 0/0). Le Kansas avec 152.000 barils (85 0/0). Le Kentucky et le Tennessee avec 48.000 barils (35 0/0). La Louisiane produit, pour la première fois, 55.000 barils.

La « Standard-Oil Company » commence à s'émouvoir de cet épuisement des sources, où, si longtemps, elle s'est alimentée. Le 24 octobre de l'année dernière (1903) elle a élevé le prix de l'huile de Pensylvanie à 1 dollar 74 cents le baril.

Or, le stock de pétrole brut disponible à la surface du sol est plus faible qu'il ne l'était dans ces dernières années. La « Standard-Oil » a été obligée d'informer les raffineurs auxquels elle vendait autrefois l'huile brute qu'elle ne pouvait plus les fournir de pétrole. De ce fait, nombre d'établissements ont dû fermer leurs portes. En même temps, la « Standard-Oil » achetait à une seule Compagie 200.000 barils de réserve; elle les lui payait d'avance deux dollars la pièce (1).

Les producteurs de Pensylvanie, dit un rapport que j'ai sous les yeux, ne veulent plus entendre parler de vente au baril. Ils se remettent à évaluer leur pétrole au « gallon ». C'est pourquoi des gens d'expérience commencent à parler de la nécessité où l'on sera prochainement de distiller l'huile du charbon, comme on en usait en 1857, alors que cette huile minérale se vendait couramment sur le marché au prix de un dollar le gallon.

La Pensylvanie et généralement l'Est Américain ne s'étaient connu jusqu'ici qu'un rival vraiment redoutable dans la production du pétrole : le Caucase russe. On a le mouvement naturel de courir aux statistiques publiées par l'exploitation caucasique de Bakou, pour voir si d'aventure son débit n'augmenterait pas au moment où la production est-américaine apparaît en déficit.

(1) Ce cours est le plus haut que l'on ait connu depuis 1895. En cette année, à la date d'avril, le pétrole fut un instant coté 2 dollars 69 cents le baril (13 fr. 45).

Or, on constate que là aussi les sources, semblent se lasser.

En octobre 1903 la production totale du pétrole à Bakou s'élevait à 787,914 tonnes. Un mois avant, en septembre, elle était de 805,139 tonnes, soit une diminution de 17,225 tonnes. En septembre 1,445 puits étaient productifs; en octobre il n'y en a plus que 1,421 qui donnent; 24 se sont taris. Si bien qu'en 1902 la production totale de l'huile brute pour les terrains pétrolifères de Bakou a été, pour une durée de onze mois :

En 1902 : 582,700 000 pouds;

Et en 1903 : 549,200,000 pouds (1)

Je vois d'ici mon ami Wyoming qui bondit derrière sa barrière, impatient d'entrer dans le stade et d'étonner le monde par la course de fond qu'il se sent capable de soutenir.

En effet si, après avoir jeté un coup d'œil sur les statistiques de la production, on se renseigne sur la demande dont le pétrole et ses succédanés sont l'objet sur le marché du monde

(1) Le « poud » est une mesure russe qui vaut 16 kil. 380.

moderne, on ne peut que regretter d'avoir passé tant d'années de sa vie à plonger sa plume, à Paris, dans l'encre de « *La petite vertu* », quand il eût été si simple de faire comme les camarades et d'aller un peu « prospecter » le pétrole du côté de Salt-Creek, de Lander ou du Dôme.

Depuis mon retour en France, mes amis du Wyoming m'envoient très régulièrement toutes les brochures, tous les articles qui se publient dans leur pays et ailleurs sur cette question si intéressante pour eux et pour nous : les emplois du pétrole dans le monde moderne. C'est ainsi qu'ils viennent de me faire tenir le dernier rapport annuel du *Geological Survey* où l'on a dressé la statistique de la production actuelle du pétrole sur toute la surface de notre planète. Ce tableau prend le baril pour unité. Il compare la récolte de l'année 1902 aux résultats de l'année 1900.

Pays.	Barils. 1902.	Barils. 1900.
Etats-Unis................	80.894,590 (Maximum jamais atteint.)	68.362.704
Canada................	520.000	652.600
Pérou................	60.000	120.000
Russie	80.540.045	77.230.561
Galicie................	4.142.160	2.346.504
Sumatra, Java, Bornéo.	5.860.000	2.170.060
Roumanie	2.059.930	1.268.533
Inde................	1.570.500	1.078.204
Japon................	1.193.000	1.933.800
Allemagne............	352.605	358.297
Italie	12.000	
Divers	26.000	16.000
Total........	177.230.900	150.897.313

— Pour la première fois, s'écrient avec fierté mes correspondants wyomigois, la production des États Unis dépasse les richesses de la Russie. Jugez-en : depuis 1900 la Russie n'a augmenté sa vente que de 3 millions de barils; — les États Unis ont accru la leur de 17 millions. Et où ont jailli les sources de cette fantastique surproduction ? Dans les champs pétrolifères de l'Est ? Non, Vous le savez aussi bien que nous, les réserves de l'Est s'épuisent.

SUR LA ROUTE DE LANDER A CASPER — AFFLEUREMENTS D'HUILE

C'est l'Ouest qui entre en scène, l'Ouest avec sa réserve vierge.

En face de cette marée montante de pétrole qui reflue sur le monde, on se demande si nous n'allons pas assister à la débâcle des prix. Certes le temps est loin où un Funk pouvait vendre un franc le litre l'huile de sa « Fontaine », et, avec un débit de 300 barils par jour, faire, en quinze mois, une fortune de 12 millions. Mais, si la production augmente dans des proportions considérables, la demande, la consommation croissent tout aussi vite. Pendant un bon quart de siècle au moins le pétrole se maintiendra, quoi qu'il arrive, à des prix qui feront les fortunes de ses manipulateurs et de ses maîtres.

En effet, après avoir été employé comme purgatif à la place de l'huile de ricin, comme agent d'éclairage à la place de l'huile d'olive et de la chandelle, comme huile lubrifiante, pour servir de cynovie aux articulations d'acier des machines, voici qu'il devient l'agent par excellence de la traction, le moteur favori du monde moderne. Il a déclaré la guerre au charbon et au cheval, et chacun de ces engagements tourne à son profit.

J'ai visité à San-Francisco un de ces grands navires tout neufs où le pétrole remplace le charbon dans la machinerie. L'armateur qui me conduisait et qui avait été autrefois un correspondant de mon père, de mon grand-père, dans le temps où les navires qui battaient notre pavillon familial transportaient le « coolie » chinois de Hong-Kong à la côte de Californie, avait sur son visage satisfait comme un reflet de cette flamme claire, ardente, unie, qui alimentait la chaufferie de son steamer.

— Vous savez, disait-il, que le déchet de l'énergie du charbon est de 60 0/0 environ, avec le pétrole, cette perte est réduite à 30 0/0. C'est-à-dire que ce combustibe liquide utilise 70 0/0 de son énergie totale, tandis que le charbon en gaspille 60 0/0. Mais ce n'est pas tout ! La houille, accumulée dans les dépôts, perd au bout d'une année d'exposition à l'air, 40 0/0 de ses effets thermiques. Ça été une des causes principales de la destruction de la flotte espagnole à Cuba. Si le *Christophe-Colomb*

n'avait pas été chauffé avec de la houille éventée
il aurait pu forcer, pendant la nuit, les lignes
américaines. Son charbon n'avait plus d'âme.
Au contraire, l'huile, enfermée dans des barils
ou dans des réservoirs, conserve, indéfiniment,
ses propriétés thermiques. Et quel avantage,
pour nous autres armateurs, dont le bénéfice
est en proportion de la quantité de tonneaux
qui restent libres, à bord d'un cargo-boat, pour
l'arrimage de la cargaison. L'espace qu'une
tonne de charbon occupe dans le navire suffit
à loger deux tonnes d'huile. Avec les anciens
brûleurs deux tonnes de charbon passaient par
les grilles pour nous donner l'énergie que l'on
obtient aujourd'hui avec une seule tonne. de
pétrole. Cet écart, n'a fait que croître en faveur
de l'huile depuis que l'on a adapté à ses exigences les organes de la chaufferie. Les ingénieurs techniques voient venir l'heure où
l'énergie bien employée d'une tonne d'huile
fera concurrence à cinq tonnes de charbon.
« Ceci est une première source considérable
d'économie. Nous en trouvons une autre dans
la main-d'œuvre. Rien n'est plus aisé que l'em-

ploi de l'huile et l'entretien de sa flamme avec un bon brûleur. J'ai besoin ici d'un homme là où autrefois j'en payais dix.

« Et maintenant venez voir où je loge mon huile.

« Le charbon occupait, avec sa saleté, ses écroulements, ses poussières, 10 0/0 du meilleur espace du steamer. L'huile ? Je la loge proprement et sans perte n'importe où. Ici elle est reléguée à fond de cale. J'ai d'autres navires qui la logent dans leurs réservoirs de lest qu'autrefois ils emplissaient d'eau. Résultat ? 10 à 20 0/0 du tonnage du steamer est reconquis pour l'arrimage de la cargaison. Et ce n'est pas seulement ma bourse qui rit au spectacle de toutes ces transformations ; nos passagers sont dans le bonheur. Avec le pétrole, plus de fumée qui les aveugle et les salisse, plus de délai d'approvisionnements aux escales. Notre navigation commerciale devient séduisante comme une partie de yachting.

J'ai voulu savoir dans quelle mesure les États-Unis et, d'une façon générale, toutes les marines du monde, se sont transformées pour accueillir à leurs bords cet hôte nouveau.

On m'a parlé avec admiration des traversées qu'exécutent annuellement sur toutes les mers du monde ces grands pétroliers du commerce qui s'appellent *Justice*, *British-Queen*, *Luckenbach*, *Del Norte*, *Despatch*, *Preudiss*, *Fulbertoon*. On m'a parlé d'un ancien pétrolier transformé, le *Strombus*, qui, aujourd'hui, obtient avec 30 tonnes de pétrole la vitesse qu'il demandait autrefois à 40 tonnes de charbon. On m'a appris que tous les navires de l'*Ocean Steam Ship Co.*, qui font le service entre San Francisco et Sydney sont actuellement pourvus de brûleurs à pétrole à côté de leur ancienne chaufferie à la houille. De San Francisco à Auckland, ils brûlent du pétrole. De ce point à Sydney ils consomment du charbon.

On est heureux de le constater, la marine commerciale française ne résiste pas à cette nouveauté si heureuse. Le plus grand navire marchand qui à cette heure batte le pavillon tricolore est le *Laos* de la Cⁱᵉ Est-Asiatique. Il a été aménagé pour chauffer alternativement ses chaudières, selon les ressources de l'étape, avec du pétrole ou avec de la houille.

Les marines de guerre de tous les pays ont naturellement pris de l'avance sur le commerce; la marine militaire britannique a triomphé de ses répugnances de productrice de houille. Elle fait loyalement l'essai du combustible liquide. Les premières expériences ont été tentées à bord du destroyer *Surly*. Elles ont donné des résultats excellents.

La marine roumaine vient de construire son croiseur l'*Elisabeth* avec une chaufferie à deux fins.

La marine de guerre française devance le mouvement. La *Marseillaise* procédait naguère, au large de Brest, à des expériences de chauffage mixte. Nos submersibles autonomes, le *Narval*, la *Sirène*, le *Triton*, le *Silure*, l'*Espadon*, sont uniquement actionnés par le pétrole. La *Jeanne-d'Arc*, le grand croiseur sur lequel M. le Président de la République a passé de France en Algérie est chauffée au pétrole. Elle a accompli la traversée de Tunis à Marseille, en vingt et une heures et demie. C'est la première fois qu'un navire franchit cette distance en aussi peu de temps.

Mais si le pétrole se dispose à conquérir la mer c'est évidemment sur le plancher des vaches qu'il a gagné ses premières victoires. Chaque bataille livrée à la houille sur le terrain des voies ferrées s'est terminée par le triomphe de l'huile.

Aux États-Unis la *Southern-Pacific-Railway C°* a remplacé toutes ses locomotives à houille par des locomotives à pétrole. Des tenders, exclusivement chargés de pétrole et d'eau, parcourent sans reprendre haleine et à grande vitesse des distances de trois cent mille. (Environ 475 kilomètres). On annonce que les fourneaux qui emploient le combustible liquide procurent à l'exploitation une économie de 16 dollars (80 francs) par 100 milles (159 kilomètres). Sur toutes ses lignes occidentales la *Compagnie de Santa-Fé* a imité l'exemple de la *Southern-Pacific*.

En Angleterre le pétrole anime le train qui circule entre Londres (Liverpool Street Station) et Cromer

En Roumanie, à la date du 31 mars 1902, sur 482 locomotives en service, 342 brûlent de l'huile et de la lignite, 56 autres sont munies de l'installation nécessaire pour brûler les résidus du pétrole.

En Russie le ministre des chemins de fer a mis à l'étude la question du chauffage par l'huile brute qui doit remplacer à la fin le charbon et le bois.

A une minute où tous les coloniaux du monde rêvent de traverser des régions désertiques avec des voies ferrées et de réunir aux ports du littoral les fécondités des oasis isolées, on sent combien il serait intéressant d'appliquer à des locomotives nouvelles les moteurs dits à explosion. On hésite à lancer à travers des déserts des locomotives transsahariennes, qui, outre leur charge de combustible, sont obligées, aujourd'hui, d'emporter avec soi des provisions d'eau considérables.

L'application de la benzine à ces chaufferies dispenserait les conducteurs de trains de traîner avec soi ce poids énorme d'eau. Or, le *Chemiker und techniker Zeitung* de Vienne

UN LAC D'HUILE A LANDER

LES CANARDS MEURENT DANS L'HUILE APRÈS S'Y ÊTRE POSÉS

affirme que le problème est à la veille d'être résolu. Une maison de Cologne fait en ce moment des essais pour substituer la benzine à la vapeur sur ses chemins de fer à voie étroite.

Que la nouvelle soit prématurée ou non, ceci est sûr :

L'espérance d'aujourd'hui sera la réalité de demain. La cause de l'huile, de la transformation de ses résidus, comme mode moderne de traction et de chauffage, est gagnée. Voici que la *Compagnie Générale des Omnibus* de Londres et la *London-Road-C°* tentent de mettre en circulation des voitures à pétrole. Elles ont gravi toutes les côtes qu'on leur présentait avec une vitesse inconnue aux chevaux, et une facilité dont on a été surpris. On voit venir l'heure où elles remplaceront le minuscule omnibus, que, depuis tant d'années, conduit à travers les encombrements de la rue londonienne, ce personnage en chapeau à haute forme et en gants de peau de chien, qui vous a une figure de gentleman rider.

XXIII

Visite à l'oracle.

Dans les premiers jours du mois de janvier
de la présente année, je me trouvais à Londres
et je descendais tout justement d'un de ces petits omnibus-là, pour aller rendre quelques
visites, au cœur de la Cité, à des hommes d'affaires. On sait quelle activité règne autour de
Lombard-Street et des rues environnantes entre
dix et deux heures de l'après-midi. Le brouillard n'était pas trop épais pour la saison. On y
voyait à dix pas devant soi.

J'avais affaire au numéro 4 de Bishopsgate
Saint-Within. Comme je regardais les plaques
de cuivre qui affichent, près de la porte, les
noms des principaux locataires de ces bureaux,

je tombai en arrêt sur ces lignes gravées en belles majuscules :

DOCTEUR BOVERTON REDWOOD

Vice-Président de la Société de Chimie Industrielle de
Londres,
Conseiller pour le pétrole du Ministère de l'Intérieur,
de la Municipalité,
de la Chambre de Commerce de Londres, etc.

Il y a des noms qui enferment une puissance magique. Le brouillard se dissipa pour moi, la rue s'élargit : j'étais à Cheyenne, dans Capital-Avenue, je marchais à côté du cher professeur Knight. J'entendais bourdonner sur ses lèvres ce nom du Docteur Boverton Redwood, le grand technicien du vieux monde, qui, deux ans auparavant, était venu au Wyoming, attiré par les articles que ledit Professeur Knight publiait, à ce moment-là, dans les revues spéciales. Le « self-made-man » wyomingois avait eu la joie de voir son diagnostic, non seulement approuvé mais magnifié par l'homme du monde qui a le mieux déchiffré ces chapitres de l'histoire géologique.

En effet, ce ne sont pas seulement les anglais qui se sont inclinés devant la science du Docteur Boverton Redwood : la Société Technique Impériale de Russie a voulu l'avoir pour membre honoraire, de même la Société Américaine d'Études Philosophiques, de même la Société Royale d'Édimbourg — qui est peut être la plus savante compagnie scientifique du Royaume-Uni.

A travers les récits de Knight, le Docteur m'était apparu très différent de ces savants admirables, mais si casaniers, qui, chez nous, vont de leur laboratoire à l'Institut, qui boudent le monde, qui croiraient déroger s'ils faisaient quelques sacrifices à la mode, qui s'imaginent évidemment que la science, comme la religion, impose à l'homme qui la sert des vœux de renoncement.

Je savais en effet que, fils d'un chimiste distingué, qui occupa une chaire à la Société Pharmaceutique de Londres, le Docteur Boverton Redwood avait fait toutes ses études sous la direction paternelle. Tout de suite il s'était spécialisé. Walter Scott nous a

parlé de ces magiciens qui faisaient tourner la
baguette de coudrier pour découvrir les places
d'eaux souterraines et marquer aux puisatiers
l'endroit qu'ils devaient attaquer à la pioche. Il
sembla, dès le début de sa carrière, que le Docteur Redwood flairait tout de même le pétrole
à travers l'écorce terrestre. Mais il n'y avait
pas l'ombre de magie dans son fait. Il était un
homme de science rigoureuse qui avait appris
à lire le livre de la nature, comme Champol-
lion retrouva la clef des hiéroglyphes. Aussi la
clientèle du docteur n'était pas comme dans le
roman écossais composée de vieux châtelains,
épris de surnaturel, c'étaient des gens plus po-
sitifs : les principaux négociants d'Angleterre,
les autorités municipales de Londres, de la province, le gouvernement anglais lui-même, qui
venaient prendre les conseils du jeune savant
toutes les fois qu'il s'agissait de la découverte
de gisements pétrolifères, du transport de
l'huile, des conditions dans lesquelles on
peut l'emmagasiner et la manipuler avec sécu-
rité.

— Il faudrait, s'écriait joyeusement Knight,

sculpter une statue en pied de Boverton Redwood dans un bloc de roche pétrolifère!

Aussi bien il n'y a peut-être pas un gisement
d'huile ouvert à cette heure-ci sur la surface
de la terre, que le docteur B. Redwood n'ait
été invité à examiner. Quand Sir Vivian Majen-
die, inspecteur en chef des explosibles, fut envoyé en tournée à travers la Grande Bretagne,
les champs pétrolifères des États-Unis et du
monde, il emmena avec soi le docteur Redwood comme conseiller. Depuis, en 1872, en
1883, en 1896, le docteur a été appelé comme
expert par les comités du pétrole de la Chambre
des Lords. En dehors de ces travaux le docteur a été envoyé en mission aux États-Unis,
en Suisse, en Égypte, aux Indes, pour étudier
toutes les questions qui touchent au pétrole,
aux conditions de sa vie. En 1897 à Bruxelles,
à Paris, à l'Exposition Internationale de 1900,
il était présent avec la figure d'un Président ou
d'une des autorités les plus écoutées par les
jurys spéciaux qui s'occupent de l'industrie de
la lumière. Cependant il trouvait le loisir de
retourner une troisième fois en Amérique, au

cours de l'automne 1899, afin d'étudier, pour le compte de la Société Belgo-Américaine des pétroles du Wyoming, dont il avait accepté d'être l'ingénieur-conseil, les gisements d'huile déjà reconnus par le professeur Knight.

Tout de suite, le désir impérieux s'empara de moi de voir cet homme supérieur dont la calme parole convainct les défiances des remueurs d'argent et soutient l'espérance des prospecteurs.

Mais je pensais :

— Sera-t-il là ? Les vacances de Noël sont bien justes finies. Et le docteur qui est aussi bon sportman que géologue est capable de courir en automobile les grandes routes de notre « Riviera » ou de se reposer sur la mer du Nord, en essayant quelque nouveau moteur à pétrole à bord de son yacht *Euphrosyne*.

Le docteur était chez lui. Le nom de Knight, mon titre de pèlerin du Wyoming suffisaient à m'ouvrir sa porte :

On me dit toutefois :

— Vous avez de la chance. Par hasard le docteur dispose d'une demi-heure entre deux rendez-vous. Il va vous recevoir. Profitez-en !

J'entrai dans un bureau long et bas, comme
tous ces appartements de la vieille Cité où la
vie s'entasse. Le Docteur m'en parut plus grand,
plus élancé.

Comme on m'a dit la date de sa naissance je
sais qu'il a cinquante-huit ans. Bien peu
d'hommes de chez nous, en dehors des colonels de cavalerie qui tiennent à passer généraux, gardent dans cette seconde moitié de la
vie, une telle allure de jeunesse virile, de souplesse et de force. Les cheveux n'ont pas gri-
sonné ; le teint est merveilleusement frais et
uni, il prend un grand éclat dans la face toute
rasée, le profil est droit, le menton anglo-saxon
très en saillie, très énergique. Tout le visage
est d'ailleurs écrit en maigreur et en volonté.
L'expression des yeux et des traits est une alter-
nance d'attention intense, presque anxieuse,
quand le docteur écoute ou réfléchit, et de décision irrésistible, heureuse quand il parle. Les
mains sont longues, osseuses, adroites, des
mains d'accoucheur, modelées, dirait-on, pour
aller saisir dans l'obscurité ce qui est enfoui.

ON COUCHE EN ROUTE

Le Docteur était vêtu avec une élégance raffinée. Le revers de satin de sa longue redingote était fleuri d'une de ces orchidées qu'il aime, et que, chaque jour, on lui apporte de ses serres. Sur un meuble bas qui faisait fond, s'allongeait le modèle d'un navire à pétrole, en coupe. On y voyait les aménagements qui laissent tout l'espace libre pour l'arrimage de la cargaison lorsque l'encombrement des soutes à charbon ne la tient plus en échec.

— Vous voulez, dit le Docteur, que je vous répète, une fois de plus, mon sentiment sur l'avenir du Wyoming comme district pétrolifère? Je le ferai d'autant plus volontiers que mon diagnostic de 1899 est confirmé, chaque jour, par les résultats que les creuseurs de puits touchent avec leurs sondes.

« Il y a trente ans que j'ai entendu parler pour la première fois des pétroles du Wyoming, c'était par des voyageurs, qui n'avaient pas froid aux yeux et qui avaient rapporté en Angleterre des échantillons d'huile recueillis dans ce pays. Nous les avions analysés. Leur qualité m'avait paru si intéressante, que, depuis, je m'étais toujours préoccupé des découvertes et des essais que des prospecteurs faisaient dans le Wyoming.

Le Docteur Redwood parle avec une élégance, une netteté si parfaite, qu'un auditeur étranger à sa langue, peut, tout en l'écoutant, noter au vol non seulement le sens de ses paroles, mais leur forme même. J'écrivais presque sous la dictée.

Le savant continua :

— Donc en 1899 quand on m'a demandé d'aller faire l'examen professionnel du Wyoming je connaissais la question autant qu'il se peut faire en dehors d'un examen personnel et direct.

« Vous avouerai-je que je n'étais pas sans appréhensions ?

« Ce n'est pas impunément que l'on a vécu, monsieur. Or une des leçons les plus fréquentes de la vie c'est que si l'on veut garder toutes ses illusions il ne faut pas approcher de trop près ce que l'on a admiré de confiance et de loin. Eh bien, cette fois, ma défiance a eu tort. J'étais parti inquiet, je suis revenu enthousiasmé. Le livre de la nature, m'a donné l'occasion de déchiffrer en Wyoming une histoire plus attirante que tous les contes que je prévoyais. Permettez-moi de préciser cette comparaison : les couches géologiques terrestres sont, en effet très pareilles aux feuillets d'un livre. L'histoire peut commencer merveilleusement sans que l'intérêt se soutienne au delà du premier chapitre. Or, un expert, qui, dans l'occasion, n'est pas seulement un savant, mais un expert commercial, doit se préoccuper de la fin du roman plus que de tout le reste. Il arrive d'autre part, que ce texte du livre de la nature soit à demi effacé, qu'il se présente comme un grimoire, que des pages aient été déchirées, changées de places. Autant de causes d'erreur, autant de raisons de demeurer défiant.

« Au Wyoming, le livre de la nature est complet, grand ouvert, facile à lire. Il convient de trouver dans un riche bassin pétrolifère deux qualités de roches, l'une qui soit telle qu'elle puisse constituer les murailles intérieures d'un bon magasin ; l'autre qui soit telle qu'à la surface du sol, elle constitue un couvercle convenable à ce magasin-là.

« Toutes ces conditions favorables se présentent groupées comme à plaisir quand on examine la constitution du Wyoming. C'est l'âge géologique voulu, c'est la structure voulue, ce sont les roches voulues. Le pétrole n'apparaîtrait encore nulle part que l'on pourrait affirmer : « Il est là ». Mais il n'a pas attendu la visite des experts pour se manifester ! Il suinte partout ; il forme des lacs où les canards s'engluent et meurent, parce qu'ils ne peuvent plus se dégager. Il monte à la surface du sol sous l'action des pompes. En maints endroits il jaillit.

« Vous me dites que vous êtes allé à Salt-Creek ? Vous n'y avez vu que des puits à pompes, mais vous savez quelle étroite portion du champ pétrolifère est là en exploitation ? J'ai la certitude que Salt-Creek verra des puits jaillissants jeter d'eux-mêmes le pétrole à la surface, et que, dans ces caves encore inexplorées du Wyoming, on trouvera en quantité infinie toutes les huiles dont la consommation

moderne a besoin : L'huile lampante, l'huile
lubréfiante pour graisser les machines ; l'huile
de traction, qui, de plus en plus, remplacera
le charbon.

Je demandai au savant.

— Docteur, vous n'êtes pas seulement un
chimiste, un géologue et un ingénieur, mais un
économiste. Estimez-vous, que l'entrée en jeu du
Wyoming sur le marché des pétroles de l'univers se produise à propos ou à contre-temps ?

Le docteur déclara :

— Elle ne pouvait être plus opportune. Il
est certain que la production de la Pensylvanie
a une tendance à diminuer ; mais j'attache une
importance autrement considérable à ce fait :

« La consommation du pétrole est en accroissement sur toute la surface de la terre. Pour
ne parler que des États-Unis, la dernière grève
où se sont entêtés les ouvriers du charbon a
tourné à leur détriment. On a commencé à
brûler du pétrole par économie et par nécessité.
On a trouvé tant d'avantages à son emploi,
que, la grève une fois terminée, on lui est resté
fidèle. C'est une grande bataille que le char-

bon vient de perdre. Il ne la regagnera pas.
Cette nouvelle pratique a pour effet une consommation des pétroles américains beaucoup
plus large qu'autrefois dans le pays même de
la production. Vous le savez, à l'heure actuelle,
les États-Unis n'ont plus de pétrole à livrer à
ce client si intéressant pour eux et si insatiable :
l'automobilisme français.

J'étais tourmenté par une dernière per-
plexité. Le Docteur s'en avisa et demanda :

— Que désirez-vous savoir de plus ?

Je répondis :

— Je m'étonne que les maîtres américains
du pétrole qui avaient à leur disposition des
géologues de la valeur du professeur Knight,
qui pouvaient recourir à un conseil comme le
vôtre, aient tant tardé à mettre en exploitation
les richesses du Wyoming.

Le Docteur Boverton Redwood sourit :

— Je pense, dit-il, que vous faites allusion
à la « Standard-Oil ? » Vous n'oubliez point,
n'est-ce pas, qu'elle se manifeste comme une
société de raffinage plutôt que de production ?
A supposer qu'elle ait été surprise par l'ac-

croissement de la consommation et par la baisse
des puits où elle s'approvisionnait, elle n'ignorait pas, croyez-le bien, que la nécessité s'imposerait, un jour ou l'autre, de mettre en exploitation les pétroles du Wyoming. Mais elle
voulait demeurer la maîtresse de l'heure. Elle
ne voulait pas inonder son marché de pétrole
afin de rester reine des cours. Elle considérait
le Wyoming tout entier comme un dépôt de
réserve où l'huile ne payait pas de droit de
magasin. Les circonstances ne lui permettront
pas de continuer cette politique et de l'impo-
ser. Au fond, tous, ingénieurs, chimistes, financiers, gouvernements, foreurs de puits, ven-
deurs, acheteurs, nous sommes les serviteurs
de cette divinité qui comme Janus a deux visages, la Production, la Consommation. Personne ne pourra empêcher que d'ici à peu de
temps les automobiles qui roulent sur les belles
routes de France, brûlent du pétrole du Wyoming et se graissent avec l'huile de Salt-Creek.
Je suis membre de votre Automobile-Club français. L'automobilisme, voyez-vous a transformé l'aspect de la France. Si la province

française était reconnaissante, elle érigerait par souscription une statue monumentale à ce génie moderne, le « Pétrole » qui chauffe, qui éclaire et qui remplace les coursiers blancs au char d'Apollon.

XXIV

Automobilisme.

Le Docteur Boverton-Redwood a raison. Et
ce n'est pas devant les Français de tout âge, de
tout sexe et de toutes conditions sociales qui
aujourd'hui roulent les routes de France sur
le tricycle, le bicycle à pétrole ou dans la voiture automobile, qu'il est nécessaire de conter
quel rôle prépondérant l'huile magique est en
train de jouer dans la vie moderne, dans nos
préoccupations de travail et de plaisir.

Pour moi je n'oublierai jamais l'impression
que j'ai reçue, au commencement de l'été 1902,
en débarquant sur la côte ouest de la France,
autant dire après deux ans d'absence.

Je venais de parcourir en tous sens ces

États-Unis si ardents, actifs jusqu'au tumulte. J'avais le cœur serré en la visitant, cette petite ville bretonne, par laquelle je reprenais pied dans mon cher pays. Tout y dormait, les hommes et les choses : étalages fanés, objets démodés, et, sur tout cela, une couche de cendre et de poussière. Seules, luisaient neuves, attirantes comme des phares, trois ou quatre boutiques, ouvertes par ces mécaniciens ingénieurs qui attendent l'automobile au passage pour lui tâter le pouls, pour panser ses blessures, pour lui vendre la force. Et, il n'y avait pas moyen de le nier, l'enseigne de ces modernes boutiques qui ne balançaient nul écriteau dans l'air, c'étaient bien ces deux mots, qui, si souvent sonnent le mensonge : « Au progrès ! »

Ma génération date des chemins de fer. Ils nous avaient docilement habitués à circuler entre leurs barrières, et ce n'est pas soutenir un paradoxe que dire :

— Nous nous étions résignés à ne connaître de la France que ce que l'on en aperçoit par la vitre d'un wagon. On fréquentait quelques stations d'eaux, quelques plages de bains de mer; on avait, parfois, un lien familial avec une province particulière, à laquelle de loin en loin on rendait une visite. On allait en Italie, en Suisse : on ignorait la France.

La voiture à pétrole nous a révélé la beauté unique de notre pays. Grâce à ce véhicule, elle devient, la chère France provinciale, un grand parc, aux allées splendides. Nous apprenons, moi le premier, que nous sommes allés chercher bien loin des ravissements qui étaient tout proches. Tel tournant des sapinières du Jura me rappelait la montagne abyssine, la forêt canadienne. Et entre ces rapides excursions au pays sauvage, ce sont les haltes délicieuses du village français, de l'auberge accorte, tout un pays de la Belle au Bois dormant, où les cuisiniers s'étaient assoupis la cuillère dans leurs sauces, qui viennent de se réveiller au courant d'air magique de l'automobile.

D'autre part un des bénéfices, — et non des moindres — du sport à la mode, c'est qu'il aura rapproché les uns des autres les gens du monde et l'ouvrier.

On ne se connaissait pas, on n'avait pas de contacts, on était donc plein de préjugés, d'un côté comme de l'autre; mais voici que la voiture automobile contraint ces deux étrangers, encore hostiles, à s'asseoir côté à côte. Ensemble, ils se sont lancés dans l'inconnu, dans le danger. Alors une estime réciproque est née entre le mondain qui n'avait plus peur de se noircir les mains, et le mécanicien qui devenait communicatif, ouvert, du moment qu'il ne se sentait plus dédaigné.

Il était bon que l'homme des classes, dites dirigeantes, eût à se mettre à l'école de celui qu'autrefois il méconnaissait, parce qu'il ignorait le vrai degré de sa culture, les justes susceptibilités de sa dignité, les ressources de son énergie et de son tact.

Et si cette découverte de l'homme du peuple a été utile au mondain, combien a-t-elle profité à l'éducation sociale de la mondaine elle-même. Nos femmes ont appris à apprécier cette intelligence silencieuse qui est dans l'ou-

vrier français, cette fierté qui, volontiers, fait
toutes les concessions de la politesse pourvu
que l'indépendance soit respectée. L'homme
du peuple, qui monte l'automobile avec les
gens d'argent, de plaisir ou de sport, n'est pas
là comme un valet de qui l'on exige toute besogne; il y est avec la dignité d'un marin, voire
d'un capitaine de yacht, en qui l'on se confie
pour la vie et pour la mort.

Ainsi cet instrument qui, d'abord apparais-
sait comme un outil de destruction et de violence aux mains de privilégiés inconscients,
est devenu un lien entre deux classes que tout
séparait.

Rapprochez je vous prie ces réflexions de
celle que j'entendis sur la montagne abyssine
dans la bouche du Négus Ménéilik :

— Pour que l'Abyssinie fasse un progrès
nouveau dans la voie de la civilisation, disait
l'Empereur, il faudra que le pétrole nous
chauffe et nous éclaire.

Il y a longtemps que la lumière ne nous
manque pas à nous autres; longtemps que la
nuit n'existe plus pour ceux que dévorent les

activités du travail et du plaisir. Mais voici
que dans ce foyer de chaleur et de lumière on
découvre une source puissante de mouvement.
Du jour au lendemain c'est une révolution
dans nos mœurs. La mode s'empare de l'énergie nouvelle. Elle arrache l'oisif riche à l'inu-
tilité de sa vie. Elle l'enlève au club, au bou-
doir. Elle le met sur la grande route. Elle le
régénère à l'air pur.

Il se faisait une espèce de gloire de son
impuissance à agir? Elle lui propose l'effort,
l'entraînement, l'audace, comme les plus dési-
rables des supériorités.

La femme française, — l'élégante, la pari-
sienne, la mondaine — veut qu'on l'associe à
cette vie nouvelle. Elle aussi elle est grisée
par le plein air. Elle fait volontiers le sacrifice
de toutes les coquetteries qui seraient un embar-
ras pour elle-même et pour son compagnon. La
mode du vêtement change : le vêtement tailleur
apparaît; il ne fait plus de la femme une idole,
merveilleusement parée, mais une créature
alerte, prête pour la marche, pour ces sports
qui, sans violence, vont nous façonner un

type de femme plus robuste, et, de ce fait,
plus disposée à l'accomplissement de ses
devoirs naturels.

Ces modifications en entraînent d'autres
plus considérables encore. J'ai déjà indiqué le
rapprochement des classes, la connaissance
que l'homme d'argent et de loisir fait de l'ou
vrier, du paysan. Les petites villes que l'auto-
mobiliste traverse se réveillent de leur léthar-
gie. Ce passant, qui paie bien, apporte avec
soi les exigences de l'hygiène moderne, c'est-
à-dire un bienfait de plus de prix que toutes
les libéralités du monde.

Rapidement l'idée s'éduque qu'il faut se servir de la grande ville mais non se laisser dévo-
rer par elle. On rêve d'aller s'installer, non
plus dans l'anonyme étage, mais dans la maison spacieuse, le manoir, le château, petit ou
grand, que des arbres enveloppent, qu'une
rivière arrose, qu'un parc — au moins un
grand jardin — embellissent. La voiture de feu
sera le lien avec la ville, pour les affaires, les
visites, les plaisirs, les soirées, les théâtres.

En attendant, grâce à ces reprises de retraite

et d'isolement, on commence à faire la connaissance de soi-même. Il faut un peu de recueillement autour de la vie pour que l'individualité se précise et ressorte.

Un des premiers effets de cette tendance nouvelle a été la curiosité que des gens, qui ne s'étaient jamais préoccupés de l'anatomie de leur cheval, ont eue pour l'ingénieux mécanisme qui les voiturait. De la curiosité, d'abord superficielle, à l'intérêt raisonné, il y a peu d'épaisseur, lorsque l'objet qu'on étudie est digne d'appeler l'attention et de la fixer. Le goût imprévu que les aristocraties du nom, de l'argent, du savoir et du loisir, se sont découvert en France pour la mécanique et pour ses applications est, le point de départ d'un renouveau de notre industrie nationale, d'un afflux de travail et de richesse qui semblait se détourner de nous.

Tout cela, direz-vous, par ce qu'un agent nouveau de traction, le pétrole, a changé les conditions de la circulation, rapproché des distances?

Tout cela.

Et la cause ne vous semble-t-elle point suffisante?

Les vieux hommes ne se trompaient point
quand ils ont dressé les premiers autels en
l'honneur de l'énergie de chaleur et de lumière, du Feu qui détruit tout, qui transforme
tout, qui crée tout.

TABLE

Imp. Paul Dupont. — Paris, 1er Arr^t. — 121.1.1904

CARTE DE L'ÉTAT DU WYOMING *(États-Unis d'Amérique)*

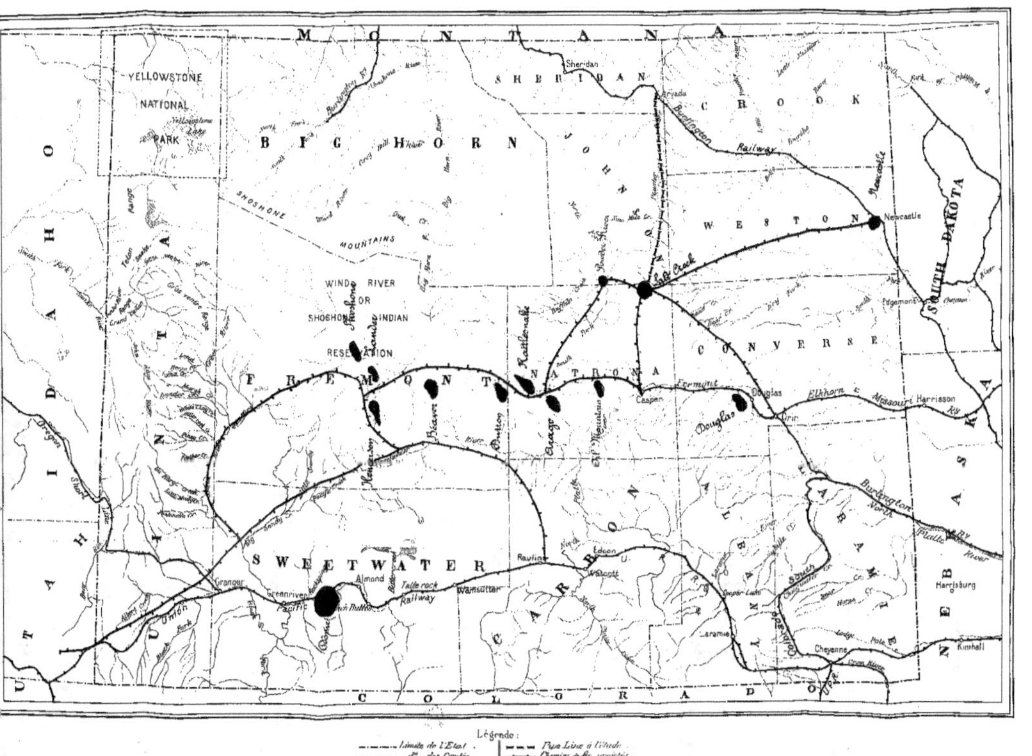

9 782019 219239